The book primarily attempts to introduce those whose mother tongue is not Kannada to learning of Kannada by the most natural and the simplest method. It adopts the scientific approach, introducing alphabets, words, sentences in that order and application of these in the most common situations of daily life. Situational sentences and conversational sentences selected for the book reflect the maximum possible commonness of Indian languages and Indian culture.

LEARN KANNADA IN 30 DAYS THROUGH ENGLISH

Chief Editor
Krishna Gopal Vikal

Editor : Kannada Edition
Nalini Srikanth
(Globalingo)

DIAMOND BOOKS

ISBN : 81-288-1187-8

Published by	:	**Diamond Pocket Books Pvt. Ltd.** X-30, Okhla Industrial Area, Phase-II New Delhi-110020
Phone	:	011-41611861-65, 40712100
Fax	:	011-41611866
E-mail	:	sales@dpb.in
Website	:	www.dpb.in
Edition	:	2010
Printed by	:	Adarsh Printers, Shahdara, Delhi-110032

LEARN KANNADA IN 30 DAYS THROUGH ENGLISH

By - *Krishna Gopal Vikal/Nalini Srikant (Globalingo)*

Dedicated to

Dr. Ashok Ramchandra Kelkar
Renowned Philologist of India
whose advice was the source of inspiration

A WORD FROM THE PUBLISHER

We are glad to announce that with a view to strengthening the unity of our country, we shall be publishing the book-series 'LEARN THE NATIONAL LANGUAGES' to enable people of this country to learn any Indian language other than his mother tongue, through the medium of English.

Each book of the series will be divided in five parts. The first two parts will cover the basic knowledge about the language concerned and the rest will be devoted to conversational aspects and practical application of the language.

The books will be prepared under the able guidance of the well-known author and editor of several books, Shri Krishna Gopal Vikal, who is the chief editor of this book and he will be assisted by Shri Amitabh Dhingra. Format and scheme of all books will be the same as that of this book and each book will be prepared in close consultation with the topmost linguists of the language concerned.

We hope this series will bring together the people of various parts of our country promoting mutual understanding and fostering national unity. We hereby present the first book 'Diamond Kannada Learning and Speaking Course'.

– Publisher

FORWORD

The greatest sensation of life is to learn a language. One has to closely watch a child going through this experience, to be convinced of this. Every time he learns a new word or construction from mother, father or other relatives, his heart is filled with wonder, excitement, thrill and creative urge and he toys with its various forms and tones bringing into play all the creative forces within him.

To learn a new language is to re-enter this wonderful experience of life, opening infinite opportunities for creative action. Besides, in a fast expanding world transcending all barriers of colour, caste, religion and language, a new language is an essential tool of life.

The book primarily attempts to introduce those whose mother tongue is not Kannada to learning of Kannada by the most natural and the simplest method. It adopts the scientific approach, introducing alphabets, words, sentences in that order and application of these in the most common situations of daily life. Situational sentences and conversational sentences selected for the book reflect the maximum possible commonness of Indian languages and Indian culture. The purpose is that the learner during the process of learning should be sufficiently equipped to converse and transact with a very vast section of Kannada speaking people throughout India and abroad.

Since Kannada is the mother-tounge of about 4 crores of people acquaintance with this not only enables one to establish a direct communication with millions of people, thereby promoting his career prospects and business interests, but also gives him the spiritual satisfaction of belonging to a vast family.

The book can also be helpful to foreigners who are on visit to India as tourists, scholars, diplomats and businessmen as it would enable them to move about in different parts of the country transending the language barriers.

We hope the book will serve the purpose. It will be popular among the youngsters as well as the serious language learners. We are grateful to Shri Narendra Kumar, Director of Diamomd Pocket Books, who has wisely taken special initiative to bring out this very useful series. We also express out gratitute to the persons concerned with proof-reading, printing and production of the book.

– Krishna Gopal Vikal
Amitabh Dhingra
Nalini Srikanth

CONTENTS

PART 1 - ALPHABET

IST STEP 1 ನೆಯ ಹಂತ

WELCOME YOU ALL

ನಿಮ್ಮೆಲ್ಲರಿಗೂ ಸ್ವಾಗತ

This book is in your hands. It shows that you intend to learn Kannada. It is a matter of pleasure to us.

Of all the languages of India, Kannada is one of the most popular South Indian languages. It is one of the Dravidian languages. It has vast and rich literature.

We welcome you all for your praiseworthy enthusiasm and fully assure you of success. You will move on continually–step by step until you reach your destination. Let us start our journey.

Sentences of Greetings in Conversation

In Kannada, there are no separate clauses for timely salutations as in English, e.g., 'Good morning', 'Good evening', 'Good night' etc. We say every time we meet ನಮಸ್ಕಾರ (Namasara) or ನಮಸ್ತೆ (Namaste), etc. The people of different religions and faiths alternatively use their own wordings also, e.g., ಜೈ ರಾಂ, ಸತ್ ಶ್ರೀ ಅಕಾಲ್, ಸಲಾಂ ಅಲೇಕುಂ etc.

While meeting **ಭೇಟಿಯಾದಾಗ**

Good morning, Sir!	ನಮಸ್ಕಾರ ಸ್ವಾಮಿ !	Namaskāra svāmi !
Good morning! Madam	ನಮಸ್ಕಾರ ಮೇಡಂ!	Namaskāra mēḍaṃ
Good afternoon, my friend!	ನಮಸ್ತೆ ಮಿತ್ರ !	Namaste mitra !
Good afternoon, my brother!	ನಮಸ್ತೇ ನನ– ಸಹೋದರನೇ !	Namastē Nanna Sahōdaranē!
Good evening, boss!	ನಮಸ್ಕಾರ ಮಹಾಶಯರೇ !	Namaskāra Mahāśayarē !
Good evening, my comrade!	ನಮಸ್ಕಾರ ಸಹಚರರೇ !	Namaskāra Sahacararē!

Good night, my sister!	ಶುಭರಾತ್ರಿ ನನ– ಸೋದರಿ!	subharātri Nanna Sōdari!

While departing **ವಿದಾಯ ಹೇಳುವಾಗ**

Good bye, my child!	ಹೋಗಿಬರುತ್ತೇನೆ ಮಗುವೇ!	Hōgibaruttēne maguvē!
Bye bye!	ಹೋಗಿ ಬನಿ–!	Hōgi banni!
Ta-Ta!	ಟಾ ಟಾ!	ṭā ṭā!
Good bye!	ಗುಡ್ ಬೈ!	Guḍ bai!

Good wishes **ಶುಭ ಹಾರೈಕೆಗಳು**

Happy Diwali!	ದೀಪಾವಳಿಯ ಶುಭಾಶಯಗಳು!	Dīpāvaḷiya Śubhāśayagaḷu!
Happy Id!	ಈದ್ ಹಬ್ಬದ ಶುಭಾಶಯಗಳು!	Īd Habbada Śubhāśayagaḷu!
Happy Guru parva!	ಗುರುಪರ್ವದ ಶುಭಾಶಯಗಳು!	Guruparvada Śubhāśayagaḷu!
Happy X-mas!	ಕ್ರಿಸ್‌ಮಸ್ ಶುಭಾಶಯಗಳು!	Krismas Śubhāśayagaḷu!

REMARKS ಉಲ್ಲೇಖನ

In Kannada, all Kannadigas can say ನಮಸ್ಕಾರ (Namaskara) or ನಮಸ್ತೆ (Namaste) in salutations. To show his absolute faith in his religion and creed etc., a Muslim will say ಸಲಾಂ ಅಲೇಖುಂ (Sal¡m ¡lekum), a Sikh ಸತ್ ಶ್ರೀ ಅಕಾಲ್ (Sat shri akal), a Nationalist ಯ ಜೈಹಿಂದ್ (Jai Hind) & a Humanist ಜೈ ಜಗತ್ (Jai jagat).

2ND STEP 2 ನೆಯ ಹಂತ

ALPHABET

ವರ್ಣಮಾಲೆ

Kannada language is based on the Bhrami script and shares similarity with Telugu script.

Kannada alphabets consists of vowels and consonants which are 14 and 34 respectively. The vowels has Anuswara and Visarga as ಅಂ and ಅಃ

Here we are going to deal with vowels.

VOWELS ಸ್ವರಗಳು

ಅ	ಆ	ಇ	ಈ	ಉ	ಊ	ಋ
a	ā	i	ī	u	ū	ṛi
ೠ	ಎ	ಏ	ಐ	ಒ	ಓ	ಔ
ṛī	e	ē	ai	o	ō	au
	aṅ	aḥ				
	ಅಂ	ಅಃ				

Recognise and pronounce—

ಉ	ಊ	ಅ	ಆ
ಎ	ಏ	ಐ	
ಒ	ಓ	ಔ	
ಅಂ	ಅಃ		

1. In Kannada, there are two classes of vowels:
   (i) Short (Hrasva ಹ್ರಸ್ವ ಸ್ವರ) and (ii) long (Dheerga ದೀರ್ಘ ಸ್ವರ) vowels

(i) Short vowels (Hrasva swara ಹ್ರಸ್ವ ಸ್ವರ)

ಅ	ಇ	ಉ	ಋ	ಎ	ಒ
a	i	u	ṛi	e	o

(ii) **Long vowels (Dheerga swara ದೀರ್ಘ ಸ್ವರ)**

ಆ	ಈ	ಊ	ಏ	ಐ	ಓ	ಔ
ā	ī	ū	ē	ai	ō	ou
ai	ou					
ಐ	ಔ					

3. Short vowels are to be pronounced short and long vowels, long. Let us learn how to pronounce the vowels.

Letter	*Pronunciation*	*Remarks*
ಅ	(Short) a	sounds like short 'a' as in **sub**.
ಆ	(long) ā	sounds like long 'ā' as in **far**.
ಇ	(short) i	sounds like short 'i' as in **is**.
ಈ	(long) ī	sounds like long 'ī' as in **meet**.
ಉ	(short) u	sounds like long 'ī' as in **put**.
ಊ	(long) ū	sounds like long 'ū' as in **wool**.
ಋ	(short) rī	sounds like 'ri' as in **rib**.
ಎ	(short) e	sounds like 'e', as in **say**.
ಏ	(long) ē	sounds like 'ē', as in **saying**.
ಐ	(diphthong) ai	sounds like 'ai' as in **aim**.
ಒ	(short) o	sounds like 'o' as in **word**.
ಓ	(long) ō	sounds like 'ō' as in **Note**.
ಔ	(diphthong) au	sounds like 'an' as in **shout**.
ಅಂ	(long) aṅ	sounds like 'un' as in **hunger**.
ಅಃ	(long) ah	sounds like 'h' as in **ah**.

REMARKS ಉಲ್ಲೇಖನ

* **ಋ is different from ರಿ in pronunciation. Actually ಋ is used in writing only Sanskrit words.**
* **ಅಂ,ಅಃ are not vowels, but semi-consonants (ಅಯೋಗವಾಹಕಗಳು). For the sake of convenience, these are put among vowels.**

3RD STEP 3 ನೆಯ ಹಂತ

CONSONANTS

ವ್ಯಂಜನಗಳು

As we know, there are 34 consonants in Kannada. Some are peculiar to Kannada, and they have no equivalent in English.

The consonants reproduced below are in the manner in which they are generally found in Kannada books.

ಕ	ಖ	ಗ	ಘ	ಙ	ಚ	ಛ	ಜ	ಝ	ಞ
ka	**kha**	**gā**	**gha**	**ṅa**	**cha**	**chha**	**ja**	**jha**	**ṅa**
ಟ	ಠ	ಡ	ಢ	ಣ	ತ	ಥ	ದ	ಧ	ನ
ṭa	**ṭh**	**ḍa**	**ḍha**	**ṇa**	**ta**	**tha**	**da**	**dha**	**na**
ಪ	ಫ	ಬ	ಭ	ಮ		ಯ	ರ	ಲ	ವ
pa	**pha**	**ba**	**bha**	**ma**		**ya**	**ra**	**la**	**va**
ಶ	ಷ	ಸ	ಹ	ಳ					
sha	**ṣha**	**sa**	**ha**	**ḷa**					

1. ಋ (ṛ) has its lengthened form ೠ(ṛu) but it never occurs either in spoken or written Kannada.
2. The consonants as shown above have the inherent sound of "ಅ" blended with them for the convenience of pronun ciation. To write pure consonants, a pure consonant marker ್ is added.

   ಕ್ + ಅ= ಕ ಚ್ + ಇ= ಚಿ ಕ್ + ಆ= ಕಾ ತ್ + ಉ= ತು

   etc.
3. The letters similar in shape and which has resemblence are given below:

ಇ ಞ, ಈ ಝ, ಉ ಊ

ಚ ಜ ಙ,

ಎ ಏ ಐ, ಒ ಓ ಔ

Identify and pronounce—

ಗ	ಮ	ಭ	ರ	ಸ	ಖ	ವ	ಬ	ಕ
ಘ	ಧ	ಡ	ಢ	ಟ	ತ	ಣ	ಠ	ನ
ಯ	ಥ	ಚ	ಜ	ಛ	ದ	ಫ	ಪ	ಲ
ಷ	ಸ	ಶ	ಹ					

Kinds of Consonants

4 Basically the consonants are of two kinds - Varg Consonants ವರ್ಗೀಯ and Avarg Consonants ಅವರ್ಗೀಯ ವ್ಯಂಜನಗಳು. The last five letter in Avarg consonants-ಙ,ಞ,ಣ,ನ,ಮ are called Anunaasikas - nasal consonants.

The first 25 consonants i.e from ಕ to ಮ are varg consonants-ವರ್ಗೀಯ ವ್ಯಂಜನಗಳು The remaining from ಯ to ಳ are called avarg consonants ಅವರ್ಗೀಯ ವ್ಯಂಜನಗಳು.

Pronunciation of consonants

5. Let us know how to pronounce consonants.

Letter	***Pronunciation***	***Remarks***
ಕ	ka	k, as in **king.**
ಖ	kha	ck-h, as in **black-hole** (but as a single sound).
ಗ	ga	g, as in **gate.**
ಘ	gha	gh, as in **ghost.**
ಙ	ṅa	ng, as in **long.**
ಚ	cha	ch, as in **such.**
ಛ	chha	ch-h, as in **church-hill** (as a single sound).
ಜ	ja	j, as in **jug.**
ಝ	jha	ge-h, as in **large-hill** (as a single sound).
ಞ	ṅa	nya, as **lanyard** (as a single sound).
ಟ	ṭa	t, as in **tank.**

ಠ	ṭha	t-h, as in **short-hand** (as a single sound).As in Kannada word **shresta**
ಡ	ḍa	d, as in **day.**
ಢ	ḍha	d-h, as in **sand-hill** (as a single sound).
ಣ	ṇa	n, as in **band**.
ತ	ta	t (softer than English **t:** similar to Italian pronunciation) As in Kannada word **Tharanga**
ಥ	tha	th, as in **thumb.**
ದ	da	id, as in **thus.**
ಧ	dha	**aspirated** ದ not found in English. As in Kannada word **Dharma.**
ನ	na	n, as in **not.**
ಪ	pa	p, as in **pot.**
ಫ	pha	ph, as a **loop hole** (as a single sound).
ಬ	ba	b, as in **bat.**
ಭ	bha	bh, as in **sub-house** (as a single sound).
ಮ	ma	m, as in **man.**
ಯ	ya	y, as in **young.**
ರ	ra	r, nearly as in **rate.**
ಲ	la	l, as in **land.**
ವ	va	v or w, as in **vote** or **wine.**
ಶ	sha	sh, as in **shut.**
ಷ	ṣha	not found in English. Kannada word **Har**sha
ಸ	sa	s, as in **some.**
ಹ	ha	h, as in **has.**
ಳ	ḷa	as in Kannada word ಬೆಳಗಾಂ. Belgaum.
ಕ್ಷ	ksha	as in Kannada word ಅಕ್ಷರ It is not found in the English language.

4TH STEP 4 ನೆಯ ಹಂತ

HOW TO WRITE ALPHABET

The script is written from left to right just like the roman script. Let us begin to write vowels and consonants respectively.

VOWELS ಸ್ವರಗಳು

ಅ	ಆ	ಇ
ಈ	ಉ	ಊ
ಋ	ಎ	ಏ
ಐ	ಒ	ಓ
ಔ	ಅಂ	ಅಃ

CONSONANTS ವ್ಯಂಜನಗಳು

ಕ	ಖ	ಗ	ಘ	ಙ
ಚ	ಛ	ಜ	ಝ	ಞ
ಟ	ಠ	ಡ	ಢ	ಣ
ತ	ಥ	ದ	ಧ	ನ
ಪ	ಫ	ಬ	ಭ	ಮ

ಯ ರ ಲ ವ ಶ ಷ ಸ ಹ

ಳ

5TH STEP 5 ನೆಯ ಹಂತ

VOWELS & THEIR ABBREVIATED FORMS

ಸ್ವರಗಳು ಮತ್ತು ಅವುಗಳ ಸಂಕ್ಷಿಪ್ತರೂಪಗಳು

In Kannada script, there are two forms of vowels—(i) Syllabic forms, and (ii) Abbreviated forms. Here are syllabic forms and abbreviated forms of Kannada vowels—

Syllabic Forms : ಅ ಆ ಇ ಈ ಉ ಊ ಋ ಎ ಏ ಐ ಒ ಓ ಔ ಅಂ ಅಃ Abbreviated Forms : ಾ ಿ ೀ ು ೂ ೃ ೆ ೇ ೈ ೊ ೋ ೌ ಂ ಃ

(i) Abbreviated forms of vowels are used combined with preceding consonant characters as follows:

(a) ಾ ಕಿ ಕೀ ಕು ಕೂ ಕೆ ಕೇ ಕೈ ಕೋ ಕೌ follow the consonant.

(b) ಕೃ ಕೈ are the subscripts.

These are abbreviated forms of vowels, called maatras.

Combination of Abbreviated Forms of Vowels (Mātrās) with Consonants

2. Let us combine the intra-syllabic forms of all vowels (ಮಾತ್ರ) with consonants ಕ **(K).** They are called ಕಾಗುಣಿತ (kaagunitha)

ಕ	ಕಾ	ಕಿ	ಕೀ	ಕು	ಕೂ	ಕೃ	ಕೆ	ಕೇ	ಕೈ	ಕೊ	ಕೋ	ಕೌ	ಕಂ	ಕಃ
ka	kā	ki	kī	ku	kū	kṛ	kē	kē	kai	ko	kō	kau	kam	kaḥ

Thus the Matrās can be combined with all preceding consonants. Now we elaborate this combination.

ಖ	ಖಾ	ಖಿ	ಖೀ	ಖು	ಖೂ	ಖೃ	ಖೆ	ಖೇ	ಖೈ	ಖೊ	ಖೋ	ಖೌ	ಖಂ	ಖಃ

kha	khā	khi	khī	khu	khū	khṛ	khe	khē	khai	kho	khō	khau	kham	khaḥ
ಗ	ಗಾ	ಗಿ	ಗೀ	ಗು	ಗೂ	ಗೃ	ಗೆ	ಗೇ	ಗೈ	ಗೊ	ಗೋ	ಗೌ	ಗಂ	ಗಃ
ga	gā	gi	gī	gu	gū	gṛ	ge	gē	gai	go	gō	gau	gam	gaḥ
ಘ	ಘಾ	ಘಿ	ಘೀ	ಘು	ಘೂ	ಘೃ	ಘೆ	ಘೇ	ಘೈ	ಘೊ	ಘೋ	ಘೌ	ಘಂ	ಘಃ
gha	ghā	ghi	ghī	ghu	ghū	ghṛ	ghe	ghē	ghai	gho	ghō	ghau	gham	ghaḥ
ಚ	ಚಾ	ಚಿ	ಚೀ	ಚು	ಚೂ	ಚೃ	ಚೆ	ಚೇ	ಚೈ	ಚೊ	ಚೋ	ಚೌ	ಚಂ	ಚಃ
cha	chā	chi	chī	chu	chū	chṛ	che	chē	chai	cho	chō	chau	cham	chaḥ
ಟ	ಟಾ	ಟಿ	ಟೀ	ಟು	ಟೂ	ಟೃ	ಟೆ	ಟೇ	ಟೈ	ಟೊ	ಟೋ	ಟೌ	ಟಂ	ಟಃ
ta	tā	ti	tī	tu	tū	tṛ	te	tē	tai	to	tō	tau	tam	taḥ
ತ	ತಾ	ತಿ	ತೀ	ತು	ತೂ	ತೃ	ತೆ	ತೇ	ತೈ	ತೊ	ತೋ	ತೌ	ತಂ	ತಃ
ta	tā	ti	tī	tu	tū	tṛ	te	tē	tai	to	tō	tau	tam	taḥ
ಪ	ಪಾ	ಪಿ	ಪೀ	ಪು	ಪೂ	ಪೃ	ಪೆ	ಪೇ	ಪೈ	ಪೊ	ಪೋ	ಪೌ	ಪಂ	ಪಃ
pa	pā	pi	pī	pu	pū	pṛ	pe	pē	pai	po	pō	pau	pam	paḥ
ಯ	ಯಾ	ಯಿ	ಯೀ	ಯು	ಯೂ	–	ಯೆ	ಯೇ	ಯೈ	ಯೊ	ಯೋ	ಯೌ	ಯಂ	ಯಃ
ya	yā	yi	yī	yu	yū	-	ye	yē	yai	yo	yō	yau	yam	yaḥ
ರ	ರಾ	ರಿ	ರೀ	ರು	ರೂ	–	ಯೆ	ಯೇ	ಯೈ	ಯೊ	ಯೋ	ಯೌ	ಯಂ	ಯಃ
ra	rā	ri	rī	ru	rū	-	re	rē	rai	ro	rō	rau	ram	raḥ
ಲ	ಲಾ	ಲಿ	ಲೀ	ಲು	ಲೂ	ಲೃ	ಲೆ	ಲೇ	ಲೈ	ಲೊ	ಲೋ	ಲೌ	ಲಂ	ಲಃ
la	lā	li	lī	lu	lū	lṛ	le	lē	lai	lo	lō	lau	lam	laḥ
ವ	ವಾ	ವಿ	ವೀ	ವು	ವೂ	ವೃ	ವೆ	ವೇ	ವೈ	ವೊ	ವೋ	ವೌ	ವಂ	ವಃ
va	vā	vi	vī	vu	vū	vṛ	ve	vē	vai	vo	vō	vau	vam	vaḥ
ಶ	ಶಾ	ಶಿ	ಶೀ	ಶು	ಶೂ	ಶೃ	ಶೆ	ಶೇ	ಶೈ	ಶೊ	ಶೋ	ಶೌ	ಶಂ	ಶಃ
sha	shā	shi	shḥ	shu	shū	shṛ	she	shē	shai	sho	shō	shau	sham	shaḥ
ಸ	ಸಾ	ಸಿ	ಸೀ	ಸು	ಸೂ	ಸೃ	ಸೆ	ಸೇ	ಸೈ	ಸೊ	ಸೋ	ಸೌ	ಸಂ	ಸಃ
sa	sā	si	sī	su	sū	sṛ	se	sē	sai	so	sō	sau	sam	saḥ
ಹ	ಹಾ	ಹಿ	ಹೀ	ಹು	ಹೂ	ಹೃ	ಹೆ	ಹೇ	ಹೈ	ಹೊ	ಹೋ	ಹೌ	ಹಂ	ಹಃ
ha	hā	hi	hī	hu	hū	hṛ	he	hē	hai	ho	hō	hau	ham	haḥ

etc.

Making words by combining vowels with consonants

Let us combine the vowels with consonants and make words. Thus we shall attain knowledge of various sounds of Kannada language and learn the meaning of many words.

(i) Combining the vowel ಆ (ā) with consonants

Combination of ಆ will be likewise—

ಕಾನನ **kānana,** forest	ಪತ **patā,** adress
ನಾಮ **nāma,** name	ಪಾರ್ವತಿ **pārvati,** Parvati
ಗಜಾನನ **gajānana,** ganapathi	ಜಾತಕ **jātaka,** horoscope

(ii) Combining the vowel ಇ (i) with consonants

When joined to a consonant, original vowel ಇgives place to its sign which is used before the consonants concerned.

ದಿನ **dina,** day	ಶಿರ **shira,** head
ಪಿತ **pita,** father	ನಿಲ್ಲು **nillu,** stand

(iii) Combining the vowel ಈ (ī) with consonants

Combination of ಈ (i) will be likewise—

ಈಶ **īsha,** Ishwar	ಮೀರಾ **mīra,** meera
ಗೀತೆ **gīte,** gite	ಗೀಚು **gīchu,** scribble

(iv) Combining the vowel ಉ(u) with consonants

ಉ **(u)**

ಗುಣ **guna,** quality	ತುಲಸಿ **tulsi,** tulsi plant
ಗುಬ್ಬಚ್ಚಿ **gubbacchi,** sparrow	ಗುಲಾಬಿ **gulaabi,** rose

ಊ **(ū)**

ಊಟ **ūta,** food	ಮೂಗು **mūgu,** nose
ಮೈಸೂರು **mysūru,** Mysore	ಐನೂರು **inūur,** five hundred

(v) Combining the vowel ಋ (ṛi) with consonants

The pronunciation of ಋ – is very near to the pronunciation of 'ri' in English word **'bridge'.** Its pronunciation is somewhere between ಉ& ಈ. Actually a bit near to ಇ. But in Kannada, it is usually pronounced as ಕೃಪೆ (kripe).

There are some examples in which the combination of ಋ with different consonants can be seen.

ಕೃಪೆ **kripe,** kindness	ಕೃಷ್ಣ **krishna,** krishna

ಕೃಷಿ **krishi,** agriculture

ಗೃಹ **griha,** home

(vi) Combining the vowel ಎ (e) with consonants

ಎ**(e)**

ಎಳೆ **eḷe,** tender

ಇರುವೆ **iruve,** ant

ಎಲೆ **ele,** leaf

ಎತ್ತರ **ettara,** height

ಏ**(ē)**

ಏಳು **ēḷu,** seven

ಪೇಟ **pēta,** turban

ಕೇಳು **kēḷu,** ask

ಸೇನೆ **sēne,** army

(vii) Combining the vowel ಐ (ai) with consonants

ಐ **(ai)**

ಸೈನಿಕ **sainika,** armyman

ದೈಹಿಕ **daihika,** bodily

ಕೈ **kai,** hand

ಗೈರುಹಾಜರು **gairu,** absent

ಒ **(o)**

ಒಲೆ **ole,** stove

ಗೊರಿಲ್ಲಾ **gorilla,** gorilla

ನೊಣ **nona,** housefly

ಕೊನೆ **kone,** end

(viii) Combining ಓ **(ō)** with consonants

ಓಲೆ **ōle,** letter

ಹೋಯಿತು **hōyitu,** gone

ಓದು **ōdu,** read

ಕೋಗಿಲೆ **kōgile,** nightingale

(ix) Combining ಔ **(ou)** with consonants-

ಔಷಧಿ **oushadhi,** medicine

ಕೌರವ **kourava,** kourava

ನೌಕರಿ **noukari,** job

ಪೌರ **poura,** citizen

Combining the semi-vowels ಅಯೋಗವಾಹಕಗಳು] *with consonants*

In Kannada, there are two ಅಯೋಗವಾಹಕ (semi-vowels)—

(i) ಅನುಸ್ವಾರ (Anuswar)—It is placed beside the vowel (e.g., ಅಂಗ) or consonant + vowel, after which it is pronounced (e.g., ಮಂಗ).

(ii) ವಿಸರ್ಗ (Visarga)—It is placed after the vowel or consonant + vowel (e.g., ದುಃಖ, ಪುನಃ etc.). It is used with the Sanskrit words.

Let us have some words having Anuswara and visargas.

ಅನುಸ್ವಾರ **(ಂ)**

ಅಂದ **aṅda,** beautiful

ಬಂತು **baṅtu,** came

ವಿಸರ್ಗ **(ಃ)**

ದುಃಖ **duḥkha,** sorrow

ನಿಃಸಂಕೋಚ **niḥsankoch,** unhesitating

6TH STEP 6 ನೆಯ ಹಂತ

CONJUNCTS

ಸಂಯುಕ್ತಾಕ್ಷರಗಳು

Conjuncts ಸಂಯುಕ್ತಾಕ್ಷರ . When two or more consonants have no vowels between them and they are pronounced together, they are called conjuncts. The first consonant will be written and pronounced in full while the latter is written half and pronounced full.

As— ಗ್+ವ= ಗ್ವ ; ದ್+ದ= ದ್ದ ; ಫ್+ತ= ಫ್ತ; ಕ್+ರ= ಕ್ರ; ಟ್+ಟ= ಟ್ಟ;

(a) ˊ ತಲೆಕಟ್ಟು (talekattu will be dropped from the primary consonantal symbol and then ಿ) as— ಕ+ಇ= ಕಿ

(b) Some letters and their subscripts will have curves on top part of the consonant. as— ಗ+ಇ= ಗಿ, ಥಿ, ಠಿ, ಝಿ, ಧಿ, ನಿ, ಭಿ etc.,

(c) In the case of the primary symbols where the talekattu - top line - is not overtly marked for ಇ. A small circle is added to the right-hand side of the letters. As— ಖ+ ಇ=ಖಿ, ಟ+ ಇ=ಟಿ etc.,

(d) Consonants and subscripts in the following characters are added to the right side top of the letters : As—ಜ+ ಇ=ಜಿ, ಞ+ ಇ=ಞಿ etc.,

(e) ಸಂಯುಕ್ತಾಕ್ಷರಗಳ ಅಪರೂಪದ ಒತ್ತು–ಅರ್ಕಾವತ್ತು ೯. This is the only *ottu* where the sound is pronounded before the consonant. (Exceptional forms of conjuncts) As— ರ್+ ಕ =ರ್ಕ, ರ್+ ನ =ರ್ನ,

In this group, there are some irregular conjuncts which do not follow any rule.

Now we shall place the conjuncts into the aforesaid groups.

Group one **ಒತ್ತುಗಳು ಅವುಗಳ ಮೂಲಅಕ್ಷರಗಳನು– ಹೋಲುವ ಅಕ್ಷರಗಳು:**

ಚ್ಚ	ಜ್ಜ	ಜ್ವ
ಟ್ಟ	ವ್ವ	ಣ್ಣ
ಹ್ಜ	ಷ್ವ	ಝ್ಝ

Group two ತಲಗಟ್ಟು ಇಲ್ಲದೆ ಇರುವ ಒತ್ತಾಕ್ಷರಗಳು :

ಖ್ಖ ಬ್ಬ ಜ್ಜ

Group three ಮೂಲಾಕ್ಷರಗಳನು– ಹೋಲದೆ ಇರುವ ಒತ್ತಾಕ್ಷರಗಳು

ೞ ಮ್ಮ ಯ್ಯ ರ್ರ ಲ್ಲ

Group four ಮೂಲಾಕ್ಷರಗಳು ಮತ್ತು ಬೇರೆ ಅಕ್ಷರಗಳ ಒತ್ತಾಕ್ಷರಗಳು

ಕಿ ಗ್ತ ಕ್ಪ ಕ್ರ ಕ್ಮ

ಗ್ಮ ಕ್ಯ ವ್ಥ ಜ್ಥ ವಿ

ಲ್ಮ ಅ ಪ್ಲ ವ್ರ ತಿ etc.

Group five ಮೂಲಾಕ್ಷರಗಳು ಮತ್ತು ಅವುಗಳ ಅರ್ದಾಕ್ಷರಗಳು– ಅರ್ಕಾವತ್ತು.

ರ್ಕ ರ್ವ ರ್ಣ etc.

Apart from these look at the following consonants and their *ottus* - *subscripts*- in their order.

ಕ್ಕಖ್ಖ ಗ್ಗ ಘ್ಘ ಙ್ಙ

ಚ್ಚಛ್ಛ ಜ್ಜ ಝ್ಝ ಞ್ಞ

ಟ್ಟ ಠ್ಠ ಡ್ಡ ಢ್ಢ

ತ್ತ ಥ್ಥ ದ್ದ ಧ್ಧ

ಪ್ಪಫ್ಫ ಬ್ಬ ಭ್ಭ ಮ್ಮ

ಯ್ಯ ರ್ರ ಲ್ಲ ವ್ವ

ಷ್ಷ ಸ್ಸ ಹ್ಹ ಳ್ಳ

Let us learn some words constituted with various conjuncts.

(ಕ್) ಭಕ್ತಿ **bhakti,** devotion ಶಕ್ತಿ **shakti,** power

(ಖ್) ಮುಖ್ಯ **mukhya,** chief ಸಂಖ್ಯ **sankhya,** number

(ಸ್) ಸ್ಥಿತಿ **sthiti,** position ಉಪಸ್ಥಿತ **upasthita,** present

(ಗ್) ಯೋಗ್ಯ **yogya,** able ಭಾಗ್ಯ **bhāgya,** fortune

(ದ್) ವಿದ್ಯಾ **vidyā,** education ದ್ವಾರಾ **dvārā,** by, through

(ತ್) ಯತ್ನ **yatna,** effort ಸತ್ಯ **satya,** truth

(ನ್) ನ್ಯಾಯ **nyāya,** justice ಅನ್ಯ **anya,** other

(ಚ್) ಕಿಚ್ಚು **kicchu,** fire ಲಜ್ಜೆ **lajje,** shame

(ಟ್) ಕಟ್ಟು **khattu,** bundle ಬಟ್ಟೆ **batte,** clothes

(ಡ್) ಅಡ್ಡ **addā,** stoppage ಶರ್ಮ **sharma,** Sharma

(ರ್/) ವರ್ಷ **varṣā,** year ಕಾರ್ಯ **kārya,** work

7TH STEP 7 ನೆಯ ಹಂತ

THE PARTS OF SPEECH

ಶಬ್ದಗಳ ಭೇದಗಳು

1.A sentence consists of two parts—ಕರ್ತೃ (Subject) and ಕ್ರಿಯಾರ್ಥಕ (Predicate). *Uddeshya* ಉದ್ದೇಶ್ಯ is that about which something has been said in the sentence. ವಿಧೇಯ is what has been said about it. Both the ಕರ್ತೃ and the ಕ್ರಿಯಾರ್ಥಕ may consist of more than one word. Thus, every word in a sentence performs a definite function.

2. There are eight categories of classes of words which are called 'Parts of Speech'. They are—

1. ನಾಮಪದ (Noun)
2. ಸರ್ವನಾಮ (Pronoun)
3. ಗುಣವಾಚಕ (Adjective)
4. ಕ್ರಿಯಾಪದ (Verb)
5. ಕ್ರಿಯಾವಿಶೇಷಣ (Adverb)
6. ಸಂಬಂಧ ಬೋಧಕ (Post-position)
7. ಸಮುಚ್ಚಯ (Conjunction)
8. ಆಶ್ಚರ್ಯಸೂಚಕ (Exclamation)

The first four are ವಿಕಾರಿ (ಪ್ರತ್ಯಯ ಸೇರಿಸಬಹುದಾದ) (Declinable), and second four are ಅವಿಕಾರಿ (ಪ್ರತ್ಯಯ ಸೇರಿಸಲಾಗದ) (Indeclinable).

Now, read the following sentence carefully—

ಓಹೋ! ತಮ್ಮ ಮತ್ತು ತಂಗಿ ಕೋಣೆಯೊಳಗೆ ನನಗೆ ಮೆಲುದನಿಯಲ್ಲಿ ಹೇಳಿದರು

Oh! Younger brother and sister told me quietly in the room.

In the above sentence—

ಓಹೋ! ಚಿಕ್ಕ ಸಹೋದರ ಮತ್ತು ಸಹೋದರಿ is ಕರ್ತೃ (subject)

and—

ಕೋಣೆಯೊಳಗೆ ನನಗೆ ಮೆಲುದನಿಯಲ್ಲಿ ಹೇಳಿದರು is ಕ್ರಿಯಾರ್ಥಕ (predicate).

Let us explain every word of this sentence in detail grammatically and identify to which part of speech each word is.

(1) ಓಹೋ (oh) — Exclamation[8]

(2) ಚಿಕ್ಕ (younger) —Adjective[3]

(3) ಸಹೋದರ (brother) — Noun[1]

(4) ಮತ್ತು (and) — Conjuction[7]

(5) ಸಹೋದರಿ (sister) — Noun[1]

(6) ನನಗೆ (to me) — Pronoun[2]

(7) ಕೋಣೆಯೊಳಗೆ [inside (the room)] — Post-position[6]

(8) ಮೆಲುದನಿಯಲ್ಲಿ (quietly) — Adverb[5]

(9) ಹೇಳಿದರು (told) — Verb[4]

Noun

ನಾಮಪದ

A **noun** is a word which is a name of anything.

There are four kinds of nouns in Kannada.

(i) ಅನ್ವರ್ಥಕನಾಮ Applicable noun

(ii) ರೂಢ ನಾಮ Common noun

(iii) ಭಾವ ನಾಮ Abstract noun

(iv) ಅಂಕಿತ ನಾಮ Proper noun

ಗೋಪಾಲ ಒಬ್ಬ ಮನುಷ್ಯ	Gopal is a man.
ಮುಂಬೈ ಒಂದು ನಗರ	Mumbai is a city.
ಬೈಬಲ್ ಎಂಬುದು ಒಂದು ಪುಸ್ತಕ	Bible is a book.
ಸೌಂದರ್ಯ ಎಲ್ಲರನ್ನೂ ಆಕರ್ಷಿಸುತ್ತದೆ	Beauty attracts everyone

(i) ಗೋಪಾಲ, ಮುಂಬೈ and ಬೈಬಲ್ are the names of particular person, place and thing respectively. Thus these are **proper nouns.**

(ii) ಮನುಷ್ಯ ನಗರ and ಪುಸ್ತಕ are the names of any person, place and thing of the same class respectively. Thus these are **common nouns.**

(iii) **Abstract noun** is the third kind of noun. It is a name of a quality, state or action, e.g., ಪುರುಷತ್ವ, ನಾಗರೀಕತೆ, ಜ್ಞಾನ etc.

(iv) **Applicable noun**-names applicabel to particular persons. For example: lame, bling etc.,

Read out the following sentences—

(a)	ಸತ್ಯವೇ ಮನುಷ್ಯನಿಗೆ ಉತ್ತಮವಾದ ಗುಣ	Truth is the best quality of man.
(b)	ನನಗೆ ನನ್ನ ಬಾಲ್ಯದ ದಿನಗಳು ನೆನಪಿವೆ	I remember my childhood.

In the above sentences ಸತ್ಯ, ಬಾಲ್ಯಜೀವನ and ಕಿರುನಗೆ are abstract nouns because these are the names of a quality, state or action respectively.

Abstract nouns are formed by three different ways:

(1) ಸಾಮಾನ್ಯ ನಾಮಪದಗಳಿಂದ (from common nouns)

(2) ಗುಣವಾಚಕಗಳಿಂದ (from adjectives)

(3) ಕ್ರಿಯಾಪದಗಳಿಂದ (from verbs)

From Common Noun

Common nouns		Abstract nouns	Common nouns		Abstract nouns
ಶತ್ರು	–	ಶತ್ರುತ್ವ enmity	ಪುರುಷ	–	ಪುರುಷತ್ವ manhood
ಮಾನವ	–	ಮಾನವತಾ humanity	ಶ್ರೇಷ್ಠ	–	ಶ್ರೇಷ್ಠತೆ eminence

From Adjectives

Adjectives		Abstract nouns	Adjectives		Abstract nouns
ಚತುರ	–	ಚತುರತ್ವ cleverness	ಚತುರ	–	ಚಾತುರ್ಯ cleverness
ಸುಂದರ	–	ಸುಂದರವಾದ beauty	ಸುಂದರ	–	ಸೌಂದರ್ಯ beauty
ಮಧುರ	–	ಮಧುರವಾದ sweetness	ಮಧುರ	–	ಮಾಧುರ್ಯ sweetness
ಅಲ್ಪ	–	ಅಲ್ಪತನ smallness	ಅಲ್ಪ	–	ಅಲ್ಪತೆ smallness

From Verbs

Verbs		Abstract nouns	Verbs		Abstract nouns
ತಿಳಿದುಕೊ	–	ಜ್ಞಾನ knowledge	ಹುಡುಕು	–	ಹುಡುಕಾಟinvestigation
ಕಚ್ಚಾಡು	–	ಕಚ್ಚಾಟ dispute	ಮುದ್ರಿಸು	–	ಮುದ್ರಣ printing
ಹೋರಾಡು	–	ಹೋರಾಟ battle	ಬರೆ	–	ಬರವಣಿಗೆ writing
ಬರೆ	–	ಬರವಣಿಗೆ writing	ಅಲಂಕರಿಸು	–	ಅಲಂಕಾರ decoration

8TH STEP 8 ನೆಯ ಹಂತ

GENDER

ಲಿಂಗ

ಲಿಂಗ (Gender) is the distinction of sex. **Kannada** has only three genders— ಪುಲ್ಲಿಂಗ (masculine), ಸ್ತ್ರೀಲಿಂಗ (feminine) and ನಪುಂಸಕ ಲಿಂಗ (Neuter gender)

(i) ಪುಲ್ಲಿಂಗ – The names of males are always masculine.

(ii) ಸ್ತ್ರೀಲಿಂಗ – The names of females are always feminine

(iii) ನಪುಂಸಕ ಲಿಂಗ – The nouns denoting either male or female falls into the category of Neuter gender Ex: **child**. A child may be male or female.

Examples:

ಪುಲ್ಲಿಂಗ **Masculine**	ಸ್ತ್ರೀಲಿಂಗ **feminine**
ಗಂಡಸು (male)	ಹೆಂಗಸು (female),
ಗಂಡ (husband)	ಹೆಂಡತಿ(wife)
ಹುಡುಗ (boy)	ಹುಡುಗಿ (girl),
ಅಗಸ (washerman)	ಅಗಸ (washerwoman)
ಮುದುಕ (old man)	ಮುದುಕಿ (old woman)

Some sentences for **Masculine gender**:

ರಾಮನು ಪುಸ್ತಕವನು– ಓದುತ್ತಿದ್ದಾನೆ	Rama is reading the book
ರಮೇಶನು ಈಜುತ್ತಿದ್ದಾನೆ	Ramesh is swimming
ಅವನು ಗಿಡಕ್ಕೆ ನೀರು ಹಾಕುತ್ತಿದ್ದಾನೆ	He is watering the plant

Some sentences for **Feminine gender**:

ರಾಧೆ ಹಾಡನು– ಹಾಡುತ್ತಿದ್ದಾಳೆ	Radha is singing the song
ಗೀತಾ ಚಿತ್ರ ಬರೆಯುತ್ತಿದ್ದಾಳೆ	Gita is drawing a picture
ಅಮ್ಮ ಅಡಿಗೆ ಮಾಡುತ್ತಿದ್ದಾಳೆ	Mother is cooking

ನಪುಂಸಕಲಿಂಗ – **Neuter Gender**

ನದಿ ಓಡುತ್ತಿದೆ	The river is flowing
ಮಗು ಹಾಲು ಕುಡಿಯುತ್ತಿದೆ.	The chile is drinking the milk
ಗಿಡ ತುಂಬಾ ಹಸಿರಾಗಿದೆ.	The plant is green.

ಸಂಬಂಧಗಳು **Relations**

ಅಪ್ಪ (father), ಮಗ (son)	ಅಮ್ಮ (mother), ಮಗಳು (daughter)
ಸಹೋದರ (brother), ಚಿಕ್ಕಪ್ಪ(uncle)	ಸಹೋದರಿ(sister), ಚಿಕ್ಕಮ್ಮ (aunt)
ದೊಡ್ಡಪ್ಪ (great uncle)	ದೊಡ್ಡಮ್ಮ (great aunt)
ಸೋದರಮಾವ (maternal uncle)	ಸೋದರತ್ತೆ (maternal aunt)
ಚಿಕ್ಕಪ್ಪ (husband of mother's sister)	ಚಿಕ್ಕಮ್ಮ (mother's sister)
ಅತ್ತೆಯ ಗಂಡ (husband of father's sister)	ಅತ್ತೆ (father's sister)
ಸೋದರಳಿಯ (nephew)	ಅತ್ತೆಯ ಮಗಳು (niece)
ಸಹೋದರನ ಮಗ (brother's son)	ಅಣ್ಣನ ಮಗಳು (brother's daughter)
ಅಳಿಯ (son-in-law)	ಸೊಸೆ (daughter-in-law)
ಭಾವ (brother-in-law, sister)	ನಾದಿನಿ (sister-in-law, wife's brother)
ಮೈದುನ (brother-in-law, husband's brother)	ನಾದಿನಿ, ಗಂಡನ ತಂಗಿ (sister-in-law,husband's sister)

Other than masculine and faminine genders there is Neuter gender in Kannada

All **inanimate** objects comes under the Neuter gender.

Let us learn some sentences which come under the three genders:

Masculine- ನನ- ಗೆಳೆಯ ಬಂದನು

Faminine- ನನ- ಗೆಳತಿ ಬಂದಳು.

Nueter- ನಾಯಿ ಬಂದಿತು.

The names of the countries, states, hills, rivers, planets, spices, mountains etc are non-human and thus they are Nueter.

9TH STEP 9 ನೆಯ ಹಂತ

NUMBER

ವಚನ

Like English and many other Indian languages, there are two numbers in Kannada also—(i) ಏಕವಚನ (Singular) and (ii) ಬಹುವಚನ (Plural).

The plural markers

The following are common plural markers. They are added to the singular forms to convert their plural ones.

1) ಅಂದಿರು or ಯರು is used at the end of a word to idicate the plural number

2) ವು or ಗಳು is generally used for neutar gender number.

Some of the examples are given below:

Singular	**Plural**
ಅಕ್ಕ ಬಂದಳು	ಅಕ್ಕಂದಿರು ಬಂದರು
ಸ್ತ್ರೀ ಮನೆಯಲ್ಲಿರಬೇಕು	ಸ್ತ್ರೀಯರು ಮನೆಯಲ್ಲಿರಬೇಕು

Some of the examples fof neutar gender are given below:

Singular	**Plural**
ಬೆಟ್ಟ ತುಂಬಾ ಎತ್ತವಾಗಿದೆ	ಬೆಟ್ಟಗಳು ತುಂಬಾ ಎತ್ತವಾಗಿವೆ.
ಮರ ತುಂಬಾ ಗಿಡ್ಡವಾಗಿದೆ	ಮರಗಳು ತುಂಬಾ ಗಿಡ್ಡದಾಗಿವೆ

Some Examples of plurals for Masculine noun are:

ರಾಜ - ರಾಜರು

ಹುಡುಗ-ಹುಡುಗರು

ಮುನಿ- ಮುನಿಗಳು

ತಮ್ಮ-ತಮ್ಮಂದಿರು

Some Examples plurals for Feminine noun are:

ರಾಣಿ - ರಾಣಿಯರು

ತಾಯಿ-ತಾಯಂದಿರು

Some Examples plurals for Neuter gender are:

ನದಿ-ನದಿಗಳು ಮರ-ಮರಗಳು

10TH STEP 10 ನೆಯ ಹಂತ

CASE & DECLENTION OF NOUNS

ವಿಭಕ್ತಿ ಮತ್ತು ನಾಮಪದಗಳಿಗೆ ಪ್ರತ್ಯಯಗಳನು- ಸೂಚಿಸುವುದು

Case ವಿಭಕ್ತಿ

There are eight cases in Kannada expressed by different post-positions or case-endings. The post-positions mostly correspond to English prepositions. The post-positions (ವಿಭಕ್ತಿ) of all the cases are as given below:

Nominative Case: When a noun (ನಾಮಪದ) or Pronoun (ಸರ್ವನಾಮ) is used as a subject of a verb, it is called Nominative Case.

1.Nominative/Vocative Case: ಕರ್ತೃ ಅಥವಾ ಪ್ರಥಮಾ ವಿಭಕ್ತಿ

Post-positions	**Usage**
ಉ	
ರಾಮನು ಶಾಲೆಗೆ ಹೋದನು.	Rama went to school
ಸೀತೆಯು ಹಾಡನು- ಹಾಡಿದಳು	Sita sang a song
ಮಗು ಅಳುತ್ತಾ ಬಂತು	The child came crying

To know the Nominative case put *who?* or *what?* before the **verb (Kriya pada)**

2.**Accusative /Objective Case**: ಕರ್ಮ ಅಥವಾ ದ್ವಿತೀಯಾ ವಿಭಕ್ತಿ

When noun or pronoun is used as an object of the verb, it is called Objective Case.

Post-positions	**Usage**
ನ-, ಅನು-	
ಅವನನು- ನೋಡು	See him
ಅದನು- ಇಲ್ಲಿ ಕೊಡು	Give that here

To know the Nominative case put *whom?* or *what?* before the **verb (Kriya pada)**

3. **Instrumental Case:** **ಕಾರಣ ಅಥವಾ ತೃತೀಯಾ ವಿಭಕ್ತಿ**

Post-positions	**Usage**
ಇಂದ, ಒಂದಿಗೆ, ಮೂಲಕ	
ರಾಮನಿಂದ ಏನಾಗುತ್ತದೆ ?	What can Rama do?
ಅವನು ಪೆನ್-ನಿಂದ ಬರೆದನು	He wrote with the pen

4. **Dative Case:** **ಸಂಪ್ರಧಾನ ಅಥವಾ ಚತುರ್ಥೀ ವಿಭಕ್ತಿ**

Post-positions	**Usage**
ಗೆ, ಇಗೆ, ಕ್ಕೆ	
ನಿನಗಾಗಿ ನಾನು ಈ ಕೆಲಸ ಮಾಡುತ್ತೇನೆ.	I will do this work for you.
ಗೋವಿಂದನು ಶಾಲೆಗೆ ಹೋದನು	Govinda went to school

5. **Ablative Case:** ಅಪಾದಾನ ಅಥವಾ ಪಂಚಮೀ ವಿಭಕ್ತಿ

Post-positions	**Usage**
ಇಂದ, ದುದರಿಂದ, ಕಿಂತ	
ನಾನು ನಿನ್-ಯಿಂದ ಊಟ ಮಾಡಿಲ್ಲ	I never had my food
ನಾನು ಬೆಂಗಳೂರಿನಿಂದ ಮೈಸೂರಿಗೆ	I went from
ಹೋಗಿದ್ದೆ.	Bangalore to Mysore.

6. **Possessive Case:** ಸಂಬಂಧ ಅಥವಾ ಷಷ್ಠೀ ವಿಭಕ್ತಿ

Post-positions	**Usage**
ಅ	
ಇದು ನನ್ನ ಮನೆ	This is my home
ಇದು ಅವನ ಪುಸ್ತಕ	This is his book

7. **Locative Case :** ಅಧಿಕರಣ ಅಥವಾ ಸಪ್ತಮೀ ವಿಭಕ್ತಿ

Post-positions	**Usage**
ಅಲ್ಲಿ, ಮೇಲೆ, ಒಳಗೆ	
ಪೂರ್ವದಲ್ಲಿ ಸೂರ್ಯ ಉದಯಿಸುವುನು.	The sun rises in the east.
ಮರದ ಮೇಲೆ ಕಾಗೆ ಕೂತಿದೆ	The crow is on the tree.
ಬುಟ್ಟಿಯೊಳಗೆ ಹಣ್ಣುಗಳಿವೆ	Look at the pen on the table.

8. Vocative case in Kannada is called **Sambodhana Vibhakthi**.

Post-positions	**Usage**
ಅ, ಆ, ಎ, ಏ ಇರಾ	
ಓ ರಾಮಾ! ನನ್ನನ್ನು ಕಾಪಾಡು	O ! Rama save me
ಲೋ ! ಹುಡುಗಾ ಇಲ್ಲಿ ಬಾ !	Boy, come here !
ಅರೇ ! ಎಂಥಾ ಕೆಲಸ ಮಾಡಿದೆ !	What a job you did !

Learn the usage of cases in the following phrases or sentences. All the cases have been given respectively.

Declension of nouns ನಾಮಪದಗಳಿಗೆ ಪ್ರತ್ಯಯಗಳನ್ನು ಸೇರಿಸುವುದು

The mode of declension of a noun depends on its ending and gender. In Kannada all nouns end in vowels. Two examples of declension of nouns are given below:

ಪುಲ್ಲಿಂಗ ಶಬ್ದ 'ಹುಡುಗ' Boy (ಅ ಕಾರದಿಂದ ಮುಕ್ತಾಯವಾಗುತ್ತದೆ)

(Masculine ending in ಅ)

Case	*Singular*	*Plural*
1. Nom.	ಹುಡುಗನು	ಹುಡುಗರು
2. Obj.	ಹುಡುಗನನ್ನು	ಹುಡುಗರನ್ನು
3. Ins.	ಹುಡುಗನಿಂದ	ಹುಡುಗರಿಂದ
4. Dat.	ಹುಡುಗನಿಗೆ	ಹುಡುಗರಿಗೆ
5. Abl.	ಹುಡುಗನಿಗಿಂತ	ಹುಡುಗರ
6. Poss.	ಹುಡುಗನ	ಹುಡುಗರ
7. Loc.	ಹುಡುಗನಲ್ಲಿ	ಹುಡುಗರಲ್ಲಿ
8. Voc.	ಏ ಹುಡುಗನೇ	ಏ ಹುಡುಗರೇ!

PART 2-WORD

11TH STEP 11 ನೆಯ ಹಂತ

PRONOUN

ಸರ್ವನಾಮ

ಸರ್ವನಾಮ (Pronoun) is a word used in the place of all nouns. For example:
ಅವಳು, ಅವರು, ಅವನು, ಇದು, ಅದು, ಯಾವುದು, ಯಾವನು, ಯಾವಳು ಮುಂತಾದವು.

1. With Nominative ಕರ್ತೃ ಅಥವಾ ಪ್ರಥಮಾ ವಿಭಕ್ತಿ
2. Accusative /Objective ಕರ್ಮ ಅಥವಾ ದ್ವಿತೀಯಾ
3. Instrumental ಕಾರಣ ಅಥವಾ ತೃತೀಯಾ
4. Dative ಸಂಪ್ರಧಾನ ಅಥವಾ ಚತುರ್ಥೀ
5. Ablative ಅಪಾದಾನ ಅಥವಾ ಪಂಚಮೀ
6. Possessive ಸಂಬಂಧ ಅಥವಾ ಷಷ್ಠೀ
7. Locative ಅಧಿಕರಣ

1.Nominative:

First person:

Singular	Plural
I - ನಾನು	We -ನಾವು

Second person:

Singular	Plural
You - ನೀನು	You-ನೀವು

**** Plural you (ನೀವ) is also used to address singular person when we speak politely.***

Third person:

Singular	Plural
He, She - ಅವನು, ಅವಳು, ಆಕೆ	They- ಅವರು

Examples:

ನಾನು ನಿನ್ನೆ ಮುಂಬೈಯಿಂದ ಬಂದೆ	I came from Mumbai yesterday
ನೀವು ನಮ್ಮ ಮನೆಗೆ ಬನ್ನಿ	You come to my house
ಅವರು ಎಲ್ಲಿ ಹೋಗುತ್ತಿದ್ದಾರೆ ?	Where are they going?

2.Accusative/Objective :

First person:

Singular	Plural
Me - ನನ್ನನ್ನು	Us-ನಮ್ಮನ್ನು

Second person:

Singular	Plural
You - ನಿ–ನ–	You-ನಿಮ್ಮನು–

Third person:

Singular	Plural
Him - ಅವನನು–, ಅವಳನು–	Them- ಅವನನು–

Examples:

ನನ–ನು– ದಯವಿಟ್ಟು ಕ್ಷಮಿಸಿ	Please pardon me.
ನಿಮ್ಮನು– ನಾನು ಮನೆಗೆ ಬರಲಿಕ್ಕೆ ಹೇಳಿದ್ದೆ.	I asked you to come home.
ಅವರನು– ಕರೆಯಿರಿ	Call them.

3.Instrumental :

First person:

Singular	Plural
By me - ನನಿ–ಂದ	By us-ನಮ್ಮಿಂದ

Second person:

Singular	Plural
By you - ನಿನಿ–ಂದ	By you- ನಿಮ್ಮಿಂದ

Third person:

Singular	Plural
By him, her - ಅವನಿಂದ,	By them- ಅವರಿಂದ, ಅವಳಿಂದ

Examples :

ನನಿ–ಂದ ಏನಾಗಬೇಕಿತ್ತು?	What do you want from me?
ನಿಮ್ಮಿಂದ ಒಂದು ಕೆಲಸ ಆಗಬೇಕಿತ್ತು.	There is one job that should be done by you.

4.Dative:

First person:

Singular	Plural
For me - ನನಗಾಗಿ, ನನಗೋಸ್ಕರ	For us-ನಮಗಾಗಿ, ನಮಗೋಸ್ಕರ

Second person:

Singular	Plural
For you - ನಿನಗಾಗಿ, ನಿನಗೋಸ್ಕರ	For you- ನಿಮಗಾಗಿ, ನಿಮಗೋಸ್ಕರ

Third person:

Singular	Plural
By him, her - ಅವನಿಗಾಗಿ ಅವನಿಗೋಸ್ಕರ	By them- ಅವರಿಗಾಗಿ, ಅವರಿಗೋಸ್ಕರ

Examples:

ನನಗಾಗಿ ಏನನು– ತಂದೆ?	What did you bring for me?
ನಿಮಗೋಸ್ಕರ ವಿಶೇಷವಾಗಿ ತಯಾರಿಸಲ್ಪಟ್ಟಿದೆ	Specially made for you.
ಅವಳಿಗಾಗಿ ನಾನು ಇಷ್ಟೊಂದು ಶ್ರಮಪಟ್ಟೆ	I worked hard for her sake.

5.Ablative:

First person:

Singular	Plural
From me, than me - ನನಿ–ಂದ, ನನಗಿಂತ	From us, than us-ನಮ್ಮಿಂದ, ನಮಗಿಂತ

Second person:

Singular	Plural

From you, than you - ನಿನಿ–ಂದ, ನಿನಗಿಂತ

Plural
For you, than us- ನಿಮ್ಮಿಂದ, ನಿಮಗಿಂತ

Third person:

Singular
From him, from her/him
ಅವನಿಂದ, ಅವಳಿಂದ
ಅವಳಿಗಿಂತ, ಅವನಿಗಿಂತ

Plural
From them, than them
ಅವನಿಂದ, ಅವರಿಂದ

Examples:

ಈ ಕೆಲಸ ನನಿ–ಂದ ಮಾತ್ರ ಸಾಧ್ಯ	This work can only done by me.
ಈ ವಿಷಯ ನಿನ– ಮೂಲಕ ಅವಳಿಗೆ ತಿಳಿಯಲಿ	Let her know this matter through you.
ಬಸ್ಸಿಗಿಂತ ರೈಲು ಪ್ರಯಾಣ ಒಳ್ಳೆಯದು	The train journey is better than bus journey.

6. Genitive:

First person:

Singular
Of me, To me - ನನ–, ನನಗೆ

Plural
Of us, To us-ನಮ್ಮ, ನಮಗೆ

Second person:

Singular
Of you, To you- ನಿನ–, ನಿನಗೆ

Plural
Of you, To you - ನಿಮ್ಮ, ನಿಮಗೆ

Third person:

Singular
Of his/her, To him/her
ಅವನ, ಅವಳ
ಅವಳಿಗೆ, ಅವನಿಗೆ

Plural
Of them, To them
ಅವರ, ಅವರಿಗೆ

Examples:

ಅವನು ಅವಳ ಮನೆಗೆ ಹೋದ	He went to her house
ನಾನು ನಿನಗೆ ಈ ಪೆನ–ನು– ಕೊಡುತ್ತೇನೆ	I will give you this pen
ನಾನು ಅವರಿಗೆ ಸ್ವಲ್ಪ ಹಣವನು– ಕೊಡಬೇಕು	I should give them some money

7. Locative:

First person:

Singular
In me, On me - ನನ–ಲ್ಲಿ, ನನ– ಮೇಲೆ

Plural
In us, On us-ನಮ್ಮಲ್ಲಿ, ನಮ್ಮ ಮೇಲೆ

Second person:

Singular
In you, On you- ನಿನ–ಲ್ಲಿ, ನಿನ– ಮೇಲೆ

Plural
In you, On you - ನಿಮ್ಮಲ್ಲಿ, ನಿಮ್ಮ ಮೇಲೆ

Third person:

Singular
In him/her, On him/her
ಅವನಲ್ಲಿ, ಅವಳಲ್ಲಿ
ಅವನ ಮೇಲೆ, ಅವಳ ಮೇಲೆ

Plural
In them, On them
ಅವರಲ್ಲಿ, ಅವರ ಮೇಲೆ

Examples:

ನನ–ಲ್ಲಿ ಯಾವ ಪುಸ್ತಕವೂ ಇಲ್ಲ	I do not have any book with me
ಅವರಿಗೆ ನಿನ– ಮೇಲೆ ಒಳ್ಳೆಯ ಅಭಿಪ್ರಾಯವಿದೆ	He has a good opinion about you
ಅವಳಿಗೆ ನನ–ಲ್ಲಿ ಆಸಕ್ತಿಯಿಲ್ಲ	She is not interested in me

Apart from these, here are possessive, definite, indefinite, interrogative, reflexive and relative pronouns.

The Possessive pronoun:

Mine	ನನ–ದು
Yours	ನಿನ–ದು
His	ಅವನದು
Hers	ಅವಳದು
Ours	ನಮ್ಮದು

Examples:

ಈ ಬಟ್ಟೆ ನನ–ದು	This dress is mine
ಆ ಕನ–ಡಕ ಅವನದು	That spectacles is his
ಆ ಶಾಲೆ ನಮ್ಮದು	That school is ours

The Definite pronouns are:

This	ಇದು
That	ಅದು
These	ಇವು
Those	ಅವು

Examples:

ಇದು ನನ– ಪುಸ್ತಕ	This is my book
ಅದು ನಿನ– ಪುಸ್ತಕ	That is your book

Indefinite Pronoun:

Some (human)	ಕೆಲವರು
Some (non-human)	ಕೆಲವು
Many (human)	ಹಲವಾರು
Many (non-human)	ಹಲವು

Examples:

ಕೆಲವರು ನನ–ನು– ಭೇಟಿಯಾಗಲು ಬಂದರು	Some came to meet me.
ಕೆಲವು ಕಾರ್‌ಗಳು ನೀಲಿ ಬಣ್ಣದ್ದು ಮತ್ತು ಕೆಲವು ಕೆಂಪು ಬಣ್ಣದ್ದು.	Some cars are blue, and some are red.

ನಾವು ಮಾವಿನ ಹಣ್ಣುಗಳನು– ಖರೀದಿಸಿದೆವು ಆದರೆ ಅದರಲ್ಲಿ ಹಲವು ಕೆಟ್ಟುಹೋಗಿದ್ದವು.
We bought mangoes, but many of them were rotten.

Interrogative Pronoun:

What	ಏನು
Who	ಯಾರು

Examples:

ಇದು ಏನು ?	What is this?
ಇದು ಯಾರು ?	Who is he?

Reflexive Pronoun:

Myself	ನನಗೆ ನಾನೇ
yourself	ನಿನಗೆ ನೀನೇ
himself	ಅವನಿಗೆ ಅವನೇ
herself	ಅವಳಿಗೆ ಅವಳೇ

itself	ಅದಕ್ಕೆ ಅದೇ
ourselves	ನಮಗೆ ನಾವೇ
yourselves	ನಿಮಗೆ ನೀವೇ
themselves (human)	ಅವರಿಗೆ ಅವರೇ
themselves (non-human)	ಅವಕ್ಕೆ ಅವೇ

Examples:

ನನ–ನು– ನಾನೇ ಗಾಯಗೊಳಿಸಿಕೊಂಡೆ	I hurt myself
ಅವನನು– ಅವನೇ ಗಾಯಗೊಳಿಸಿಕೊಂಡ	He hurt himself
ಅವಳನು– ಅವಳೇ ಗಾಯಗೊಳಿಸಿಕೊಂಡಳು	She hurt herself

Relative Pronoun:

who ಯಾರೋ (ಅವರು)

which ಯಾವುದೋ (ಅದು)

ಬೆಂಗಳೂರಿನಿಂದ ಬಂದವರು ಯಾರೋ ಅವರು ನನ–ನು– ಭೇಟಿಯಾದರು

The man who came from Bangalore met me.

ನಾನು ಯಾವ ಪುಸ್ತಕವನು– ನಿನೆ– ಖರೀದಿಸಿದೆನೋ ಆ ಪುಸ್ತಕ ತುಂಬಾ ಚೆನಾ–ಗಿದೆ.

The book which I bought yesterday is a great one.

Let us learn some sentences contextually using some pronouns as in the following
sentences:

1.ನಾನು ಹರಿಯ ಮನೆಗೆ ಹೋದೆ	I went to Hari's house
2.ನನ–ನು– ಅವನು ಬರಹೇಳಿದ	He had asked me to come
3.ಅವಳು ಏನು ಹೇಳಿದಳು?	What did she tell?
4.ಇದು ಸರಿಯಾಗಿದೆ	It is quite right.
5.ನೀವು ಪೂನಾದಲ್ಲಿ ಎಲ್ಲಿ ಉಳಿದುಕೊಳ್ಳುತ್ತೀರಿ?	Where will you stay at Pune?
6.ನಾನೇ ಅಲ್ಲಿ ಉಪಸಿಥಿತನಾಗಿದ್ದೆ	I myself was present there.
7.ಯಾರೋ ಬರಬೇಕಾಗಿದೆ	Someone has to come.
8.ಅದನು– ಯಾರು ಹೇಳುತ್ತಾರೆ?	Who says it?
9.ನಿಮಗೆ ಈಗ ಏನಾಗಬೇಕಿದೆ?	What do you want now?
10.ಸ್ವಲ್ಪ ಹಣ್ಣುಗಳನು– ತೆಗೆದುಕೊಳ್ಳಿ	Take some fruit.

Remarks ಉಲ್ಲೇಖನ

1. **Kannada has the usage of Superior Plural form. For example: *Avaru* (ಅವರು) is used commonly for both ladies and gents.**
2. **The royal plural is also used. The example, kings though they are single they address themselves as *taavu* (ತಾವು).**
3. **Pronouns have no ಸಂಬೋಧನ ಕಾರಕ (Vocative case).**

12TH STEP 12 ನೆಯ ಹಂತ

ADJECTIVE

ವಿಶೇಷಣ

ವಿಶೇಷಣ (Adjective) is a word used to qualify a noun or a pronoun. In other words, to describe the quality of a person, number etc., Examples are ಒಳ್ಳೆಯ, ಬಿಳಿಯ, ಸುಂದರ, ಚತುರ, ದುಷ್ಟ, ಜಾಣೆ etc., Kannada has four kinds of Adjectives—

(1) ಗುಣವಾಚಕ (Qualitative) These adjectives describe the quality of objects are persons.
Ex. ಜಾಣ ಹುಡುಗ, ಸೋಮಾರಿ ಹೆಂಗಸು, ಸುಂದರ ಹುಡುಗಿ etc

(2) ಸಂಖ್ಯಾವಾಚಕ (Numeral) The adjectives which show the nouns or pronouns in numbers. Ex: ಎರಡು ಕಣ್ಣುಗಳು, ಮೂರು ಮೇಕೆಗಳು, ಇಬ್ಬರು ಹುಡುಗರು etc.

(3) ಪರಿಮಾಣವಾಚಕ (Quantitative) The adjectives which shows or measures the nouns or Pronouns. Ex: ಪುಟ್ಟ ಮಗು, ಸಣ್ಣ ಮನೆ, ದೊಡ್ಡ ಪುಸ್ತಕ etc.

(4) ಸರ್ವನಾಮಿಕ (Pronominal) The point which person or thing ಯಾರದು, ಯಾವುದು

Let us use adjectives as in the following sentences—

(i)	ಗೌರವನು ಒಳ್ಳೆಯ ಹುಡುಗ	Gaurav is a good boy.
(ii)	ನಾಲ್ಕು ವೇದಗಳಿವೆ	There are four Vedas.
(iii)	ಐದು ಲೀಟರ್ ಹಾಲನು– ತನಿ–	Bring five litres of milk.
(iv)	ಈ ಪುಸ್ತಕ ನನ–ದು	This book is mine.

'ಒಳ್ಳೆಯ ಹುಡುಗ, 'ನಾಲ್ಕು ವೇದಗಳು', 'ಐದು ಲೀಟರ್' and 'ನನ– ಪುಸ್ತಕ '–in these phrases. ಒಳ್ಳೆಯ, ನಾಲ್ಕು, ಐದು and ನನ–ದು are ಗುಣವಾಚಕ, ಸಂಖ್ಯಾವಾಚಕ, ಪರಿಮಾಣವಾಚಕ and ಸರ್ವನಾಮಿಕ respectively.

Some Adjectives do not have comparative degrees. They refer to the size, shape, colour etc., and also they occur (ಅ a)ending suffixes.

Note the Examples below:

ದೊಡ್ಡ ಮನೆ	big house
ಚಿಕ್ಕ ಮನೆ	small house
ಹಳೆಯ ಕಾಗದ	old paper

Some adjectives ending in (ಇ-i or ಈ-e) can also have the final vowel lengthened sometimes, or, -a added to them:

ಬಿಳಿ/ಬಿಳಿಯ ಕಾಗದ	white paper
ಹಳೇ/ಹಳೆಯ ಗ್ರಂಥ	old book

The adjectives can also be transformed into predicates by adding the number/gender suffixes to them and changing the word order.

ಪುಸ್ತಕ ದೊಡ್ಡದು	The book is big
ಮನೆ ಚಿಕ್ಕದು	The house is small

When a noun is preceded by another noun the first noun qualifies the following one:

Example:

ಹಸಿರು ಕ್ರಾಂತಿ	Green Revolution
ಬೆಂಕಿ ಪೆಟ್ಟಿಗೆ	match box

Comparison of Adjectives:

In Kannada, the degrees of comparison with adjectives are expressed using degree phrases like ನನಗಿಂತ, ಎಲ್ಲರಿಗಿಂತ, ಎಲ್ಲಾದಿಕ್ಕಿಂತ etc.,

Adjectives undergo no special transformation.

The degrees of comparison are Positive, Comparative and Superlative. The examples of adjectives which can be used to describe the three degrees of comparison are as follow:

1.The word **Beautiful** ಸುಂದರ can be like this.

Positive	ಗೀತಾ ಸುಂದರವಾಗಿದ್ದಾಳೆ	Gita is beautiful
Comparative	ಗೀತೆಗಿಂತ ಸೀತ ಸುಂದರವಾಗಿದ್ದಾಳೆ	Sita is more beautiful than Gita
Superlative	ಎಲ್ಲರಿಗಿಂತಲೂ ರಾಧೆ ಸುಂದರವಾಗಿದ್ದಾಳೆ	Radha is the most beautiful of all

2.**The word Old** ದೊಡ್ಡ

Positive	ರಾಮನು ದೊಡ್ಡವನು	Rama is old
Comparative	ರಾಮನಿಗಿಂತಲೂ ಭೀಮನು ದೊಡ್ಡವನು	Bhima is older to Rama
Superlative	ಎಲ್ಲರಿಗಿಂತಲೂ ರಹೀಮನು ದೊಡ್ಡವನು	Rahim is the oldest of all

Formation of Adjectives:

Adjectives can be formed by adding special suffixes with nouns:

Adding ಶಾಲಿ

ಬಲ	ಬಲಶಾಲಿ
ಶಕ್ತಿ	ಶಕ್ತಿಶಾಲಿ

Adding ವಂತ

ಗುಣ	ಗುಣವಂತ	ಹಣ	ಹಣವಂತ
ಧನ	ಧನವಂತ	ರೂಪ	ರೂಪವಂತ
ಬುದ್ಧಿ	ಬುದ್ಧಿವಂತ	ಪ್ರತಿಭಾ	ಪ್ರತಿಭಾವಂತ

Adding ಇಕ

ನೀತಿ	ನೈತಿಕ
ಭೂಗೋಳ	ಭೌಗೋಳಿಕ
ಇತಿಹಾಸ	ಐತಿಹಾಸಿಕ

Adding ಈಯ

ಪರ್ವತ	ಪರ್ವತೀಯ	ರಾಷ್ಟ್ರ	ರಾಷ್ಟ್ರೀಯ
ಭಾರತ	ಭಾರತೀಯ	ವಿಭಾಗ	ವಿಭಾಗೀಯ

13TH STEP 13 ನೆಯ ಹಂತ

VERB

ಕ್ರಿಯಾಪದ

ಕ್ರಿಯಾಪದ (Verb) is a word which indicates some action by a person or thing. Look at these examples in Kannada: ರಾಮನು ಹೋದನು, ಸೀತೆ ಕಸ ಗುಡಿಸಿದಳು. So the words indicate that some work is done or some action is shown. And also the verbs end the sentences.

The words telling the action are called ***'dhatu'*** ಧಾತು in Kannada. Declining of verbs are called ವಿಭಕ್ತಿ ಪ್ರತ್ಯಯ ***(vibhakti pratyaya)***. For example: ಮಾಡಿದನು – can be ಮಾಡಿ + ಅನು so ಅನು is ***pratyaya*** here.

Verbs in Kannada are of two types:- 1) Transitive verb and 2) Intransitive verb

The distinction between the two can be made by: Transitive - if there is an object in the sentence to complete its sense. For ex. ಮೀನಾಕ್ಷಿ ಕೆಲಸ ಮಾಡುತ್ತಿದ್ದಾಳೆ (Meenakshi is doing the work).

2) Intransitive verbs - has no objects in the sentence for they themselves convey the full meaning and they are short sentences. ಪೂಜಾ ಕುಳಿತಿದ್ದಾಳೆ (Pooja is sitting)

Here are some transitive and intransitive verbs. The basic forms of verbs as listed in dictionary (root verbs) are given below:

ಮಾಡು	do
ಓದು	read
ನಡೆ	walk
ಕುಳಿತುಕೊ	sit
ನಿಲ್ಲು	stand
ನೋಡು	see
ಬರೆ	write

Both the verbs, transitive and intransitive verbs has two basic parts- root and infinite:

The root verbs are already mentioned above. The infinite forms are as follows:

ಮಾಡುವುದು	to do
ಓದುವುದು	to read
ನಡೆಯುವುದು	to walk
ಕುಳಿತುಕೊಳ್ಳುವುದು	to sit
ನಿಲ್ಲುವುದು	to stand
ನೋಡುವುದು	to see
ಬರೆಯುವುದು	to write

ವಿಧ್ಯರ್ಥಕ ರೂಪ Imperative Mood

The imperative mood is used when we command, advise or request any person to do a thing.

Look at the following sentences carefully—

(1)	ಒಂದು ಪ್ರಬಂದವನು– ಬರೆ	Write an essay.
	ಇಲ್ಲಿ ಕುಳಿತುಕೊ	Sit here.
	ಚಹಾ ತೆಗೆದುಕೊಂಡು ಬಾ	Bring the tea.
(2)	ಹಾಲನು– ತೆಗೆದುಕೊಂಡು ಬಾ	Bring the milk.
	ಸುಮ್ಮನೆ ಇರು	Keep quiet.
	ಒಂದು ಹಾಡನು– ಹಾಡು	Sing a song.

Polite Imperatives:

(3)	ದಯವಿಟ್ಟು ಬನಿ–	Please come.
	ದಯವಿಟ್ಟು ಮನೆಯಲ್ಲಿರಿ	Stay at home please.
	ದಯವಿಟ್ಟು ಹೊರಗಡೆ ಹೋಗಿ	Please go out.

Apart from these, there are some negative sentences containing verbs Examples:

Negative Imperatives:

ನಗಬೇಡ	Don't laugh.
ಅಳಬೇಡ	Don't weep.
ಗಲಾಟೆ ಮಾಡಬೇಡ	Don't make a noise.
ದಯವಿಟ್ಟು ಇಲ್ಲಿ ಕುಳಿತುಕೊಳ್ಳಬೇಡ	Don't sit there, please.

14TH STEP 14 ನೆಯ ಹಂತ

TENSE (1)

ಕಾಲ (1)

ಕಾಲ (Tense) of a verb shows the time of an Action, Aspect and Mood. There are three main tenses in Kannada:

(i)	ವರ್ತಮಾನ ಕಾಲ	Present Tense
(ii)	ಭವಿಷ್ಯತ್ ಕಾಲ	Future Tense
(iii)	ಭೂತ ಕಾಲ	Past Tense

The formation of simple tenses in Kannada is expressed in the formula given below:

Simple tenses

Verb + **Tense marker** + **PNG marker**

Tense marker -Present, Past and Future
PNG marker -P -Person (First, Second, Third)
N-Numebr (Singular,Plural)
G-Gender (Masculine,Feminine,Common)

The verb stems have to be classified as follows on the basis of the tense markers they take:

The tense markers for all simple tenses are as follows:

	Present	Past	Future
Markers	uttu-ಉತ್ತು	t,d,ṭḍ,K,id, and i -ತ,ದ,ಟ, ಡ, ಕ, ಇದೆ, ಇ	-uv ಉವು

Past Tense

Some of the words which will undergo change when changed to the past tense -past :

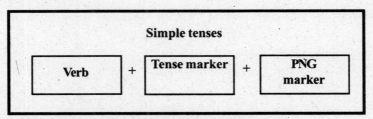

ನಿಲ್ಲು	ನಿಂತ	ಅಳು	ಅತ್ತ
ಹೆರು	ಹೆತ್ತ	ಇರು	ಇದ್ದ
ಸಾಯಿ	ಸತ್ತ	ಸಿಗು	ಸಿಕ್ಕಿದ
ಹೊರು	ಹೊತ್ತ		

Examples:

ಅವನು ಅಲ್ಲಿ ನಿಂತ
He stood there.
ಅವನು ನನಗೆ ದಾರಿಯಲ್ಲಿ ಸಿಕ್ಕಿದ್ದ
I saw him on the way
ಅವಳು ಹಾಡನು– ಚೆನಾ–ಗಿ ಕಲಿತಿದ್ದಳು
She learnt the music well
ಅವಳು ಬಕೆಟ್‌ನಲ್ಲಿ ನೀರು ತುಂಬಿದಳು
She filled the bucket with water

Present Tense

Some words for **present tense**:

ನಿಲ್ಲು	ನಿಲ್ಲುತ್ತಾ	ಅಳು	ಅಳುತ್ತಾ
ತೆರು	ತೆರುತ್ತಾ	ಇರು	ಇರುತ್ತಾ
ಸಾಯಿ	ಸಾಯುತ್ತಾ	ಸಿಗು	ಸಿಗುತ್ತಾ
ತೊರು	ತೊರುತ್ತಾ		

Examples:

ಅವನು ಅಲ್ಲಿ ನಿಲ್ಲುತ್ತಾನೆ
He is stands there
ಅವಳು ಬರುತ್ತಾಳೆ
She is comes
ಮಗು ಅಳುತ್ತದೆ
The child cries
ಅವನು ನೀರು ತುಂಬುತ್ತಾನೆ
He is fills the water

Future Tense

Some examples for **future tense**:

ನಿಲ್ಲು	ನಿಲ್ಲುವವು	ಅಳು	ಅಳುವುವು
ಹೆರು	ಹೆರುವುವು	ಇರು	ಇರುವುವು
ಸಾಯಿ	ಸಾಯವುವು	ಸಿಗು	ಸಿಗುವುವು
ಹೊರು	ಹೊರುವುವು	ತುಂಬು	ತುಂಬುವುವು

Examples:

ಅವನು ಅನ–ವನು– ಉಣ್ಣುವನು
He will eat rice
ಅವಳು ನನನು– ಅಗಲುವುಳು
She will leave me
ಅವನು ಅಟ ಆಡುವನು
He will play
ಅವನು ನನ–ನು– ಆರಿಸುವನು
They will elect me.

15TH STEP 15 ನೆಯ ಹಂತ

TENSE (2)

ಕಾಲ (2)

We have learnt the simple tenses in the previous step. Forming perfect and continuous tenses are simple and straightforward in Kannada:

To form a perfect or continuous tense, first we have to transform the root verb into past-participle.

By adding the apt past tense marker and u/i ಉ/ಇ, we can derive past participle.

Ex: ಓದು ಓದಿ

ಕುಡಿ ಕುಡಿದು

ಮಾಡು ಮಾಡಿ

ಇರು ಇದ್ದು

By adding exclusive particles for perfect and continuous tenses, corresponding sentences are formed. The examples given below show them:

Present Perfect

ನಾನು ಬರುತ್ತೇನೆ

I come

ಅವಳು ನಿಲ್ಲುತ್ತಾಳೆ

she stands

ಅವನು ಬರೆಯುತ್ತಾನೆ

He writes

Present Continuous

ನಾನು ಹಾಡುತ್ತಿದ್ದೇನೆ

I am singing

ಅವರು ಕುಳಿತುಕೊಂಡಿದ್ದಾರೆ

They are sitting

ಅವಳು ಬರೆಯುತ್ತಿದ್ದಾಳೆ.

She is writing

Past Perfect:

ನಾನು ಆಟ ಆಡಿದೆ

I had played

ಅವಳು ಮಾತನಾಡಿದ್ದಳು
She had spoken
ಅವರು ಆಟವನು– ಮುಗಿಸಿದ್ದರು.
They had completed the game.

Past Continuous

ಅವಳು ಹಾಡಿಕೊಂಡಿರಲಿಲ್ಲ
She was not singing
ಅವರು ಮಾತನಾಡುತ್ತಿರಲಿಲ್ಲವೇ?
Were they not speaking?
ಅವರು ಆಟ ಆಡುತ್ತಿರಲಿಲ್ಲ.
They were not playing the game

Future Perfect

ನಾನು ಪುಸ್ತಕವನು– ಓದುತ್ತಿದ್ದೆ
I shall have read the book
ಅವಳು ಈ ಕೆಲಸವನು– ಮಾಡಬೇಕಿತ್ತು.
She must have done this work
ನೀವು ಈ ಕೆಲಸವನು– ಹೋದ ವಾರವೇ ಮುಗಿಸಬೇಕಿತ್ತು.
You should have completed the task by next week

Future Continuous

ನಾನು ಪುಸ್ತಕವನು– ಓದುತ್ತಿದ್ದೆ
I shall be reading the book tomorrow
ನಾನು ಪುಸ್ತಕವನು– ನಾಳೆ ಓದಬೇಕೆಂದುಕೊಂಡಿದ್ದೇನೆ
She will be teaching the lesson in the next week
ಅವರು ಮುಂದಿನ ತಿಂಗಳು ಅಮೇರಿಕಾಗೆ ಪ್ರಯಾಣ ಮಾಡಲಿದ್ದಾರೆ.
They will be travelling to US next month

16TH STEP 16 ನೆಯ ಹಂತ

VOICE

ಪ್ರಯೋಗ

As we know, there are two kinds of voice in English. But Kannada has three kinds of voice namely:

(i)	ಕರ್ತರೀ ಪ್ರಯೋಗ	Active voice
(ii)	ಕರ್ತರೀ ಪ್ರಯೋಗ	Passive voice
(iii)	ಭಾವಾರ್ಥಕ ಪ್ರಯೋಗ	Impersonal voice.

The function of the voice is to show whether in a particular sentence the subject or the object of a verb is prominent.

In the *Active voice,* the importance is given to the subject. For example:

ನಾನು ಪತ್ರವನು– ಬರೆಯುತ್ತೇನೆ I write a letter.

In this sentence ನಾನು (subject) is important hence the stress on it. But if the object is to be given prominence, the verb gets an additional ಪಡುತ್ತದೆ in the past tense and the subject takes the case-ending ಇಂದ (by). Then it becomes *Passive voice.*

ಪತ್ರವು ನನಿ–ಂದ ಬರೆಯಲ್ಪಟ್ಟಿದೆ The letter is written by me.

In the *Impersonal voice,* the verb used is to be transitive and remains in the third person irrespective of the number and the gender of the object or subject. In the third person its number is always singular.The subject is expressed in dative case.

ನನಗೆ ಸಿಹಿತಿಂಡಿಗಳು ಇಷ್ಟವಾಗುತ್ತದೆ I like sweets
(Impersonal voice)

ಅವನಿಗೆ ಜ್ವರ ಬಂದಿದೆ He is suffering from fever
(Impersonal voice)

ಪ್ರಯೋಗ ಪರಿವರ್ತನೆ **Change of voice :**

When we change a sentence from the Active voice to the Passive voice, the object of the Active voice becomes the subject of the Passive voice and vice versa.

The Passive voice is formed by adding related tense forms of ಪಟ್ಟಿತು/ಪಡುತ್ತದೆ to the past tense and ಇಂದ or ಮೂಲಕ with the subject. Examples:

Active	: .ನಾನು ಹೂವನು– ಕಿತ್ತೆ.	I pluck the flower.
Passive	: ಹೂ ನನಿ–ಂದ ಕೀಳಲ್ಪಟ್ಟಿತು	The flower was plucked by me.
Active	: ಅವಳು ಹಾಡನು– ಹಾಡುತ್ತಿದ್ದಾಳೆ	She is singing a song.
Passive	: ಒಂದು ಹಾಡು ಅವಳಿಂದ ಹಾಡಲ್ಪಟ್ಟಿತು	A song was sung by her.
Actice	: ರಾಮನು ರಾವಣನನು– ಕೊಂದನು	Rama killed Ravana.
Passive	: ರಾವಣನು ರಾಮನಿಂದ ಕೊಲ್ಲಪ್ಪಟ್ಟನು	Ravana was killed by Rama.
Active	: ತಾಜ್‌ಮಹಲ್ ಅನು– ಶಹಜಹಾನನು ಕಟ್ಟಿದನು	Shah Jahan built the Taj Mahal.
Passive	: ತಾಜ್‌ಮಹಲ್ ಶಹಜಹಾನ್‌ನಿಂದ ಕಟ್ಟಲ್ಪಟ್ಟಿತು	The Taj Mahal was built by Shah Jahan

The Impersonal voice is formed by only intransitive verbs.

Examples:

Active	: ನಾನು ಸಿನಿಮಾ ನೋಡಲು ಇಷ್ಟಪಡುತ್ತೇನೆ	I like watching movies
Impersonal	: ನನಗೆ ಸಿನಿಮಾ ನೋಡುವುದು ಇಷ್ಟವಾಗುತ್ತದೆ.	I like watching movies

The English version of the Impersonal voice is the same as the Active voice, because in English, there is no Impersonal voice.

17TH STEP 17 ನೆಯ ಹಂತ

AUXILLIARY VERBS

ಸಹಾಯಕ ಕ್ರಿಯಾ ಪದಗಳು

ಸಹಾಯಕ ಕ್ರಿಯಾ ಪದ (Auxiliary verb) helps to form a tense or mood of some principal verb. While conjugating, changes occur in the auxiliary verb and the principal verb remains unchanged. Some of them are the words equivalent to may, might, can, must, should, in English etc.

Examples:

ನಾನು ಚೆನಾ–ಗಿ ಹಾಡಬಲ್ಲೆ

I can sing well

ನೀವು ಚೆನಾ–ಗಿ ಬರೆಯಬಲ್ಲಿರಾ?

Can you write well ?

ನಾಳೆ ಮಳೆ ಬರಬಹುದು

It may rain tomorrow

ನಾನು ಒಳಗೆ ಬರಬಹುದಾ?

May I come in ?

ಅವನು ಮನೆಯಲ್ಲಿರುತ್ತಾನೆ ಎಂದುಕೊಂಡೆ.

I thought he might be at home

ನಾನು ಹೋಗಬಹುದು ಎಂದು ಅವನು ಹೇಳಿದನು

He said I might go

ನೀವು ರಾಮಾಯಣವನು– ಓದಬೇಕು.

You should read the Ramayana

ನಾವು ಬೇಗ ಎದ್ದೇಳಬೇಕು

We must get up early

ಮಕ್ಕಳು ದೊಡ್ಡವರ ಮಾತನು– ಕೇಳಬೇಕು

Children should obey their parents

ನಿಮ್ಮ ಮಾತನು– ನೀವು ಉಳಿಸಿಕೊಳ್ಳಬೇಕು

You should keep your promise

ನೀನು ಸ್ವಲ್ಪ ಬೇಗ ಬರಬಾರದೆ?

Can't you come little earlier?

ನಾನು ಚೆನಾ–ಗಿ ಹಾಡಬಲ್ಲೆ.

I *can* sing well

ನಾನು ನಾಳೆ ಬೆಂಗಳೂರಿಗೆ ಹೋಗಬಹುದು

I *may* come to Bangalore tomorrow

ನೀವೀಗ ಹೋಗಬಹುದು

You *may* go now

ಅವಳು ಈಗಾಗಲೇ ಬಂದಿರಬಹುದು

She *might* have arrived by this time

ಅವನು ತನ– ಕೆಲಸವನು– ಈಗಾಗಲೇ ಮುಗಿಸಿರಬಹುದು

He *might* have finished the work

ನೀನು ಪುಸ್ತಕವನು– ನಿನೆ–ಯೇ ಓದಬೇಕಿತ್ತು

You *should* have read the book yesterday

ಅವಳು ಬೆಳಿಗ್ಗೆ ಬರಬಾರದಿತ್ತು.

She *shouldn't* have come in the morning

ಅವನು ಸಾಯಿಂಕಾಲ ತನ– ಮನೆಕೆಲಸವನು– ಮಾಡಬೇಕು.

He *must* do his homework in the evening

ನಾನು ನಾಳೆಯೊಳಗೆ ನನ– ಕೆಲಸವನು– ಮುಗಿಸಬೇಕು.

I *must* complete the work by tomorrow.

18TH STEP 18 ನೆಯ ಹಂತ

OTHER PARTS OF SPEECH

ಇನೂ– ಕೆಲವು ಶಬ್ದಭೇದಗಳು

ಕ್ರಿಯಾವಿಶೇಷಣ Adverbs

Apart from Noun, Pronoun, Adjective there is a use of Adverbs in Kannada.

An Adverb is a word which mostly qualifies the verb. The adverbs are of two kinds : Declinable adverbs and Indeclinable adverbs.

For example:

ಅವನು ವೇಗವಾಗಿ ಓಡಿದನು	He ran *fast*
ಅವಳು ಚೆನಾ–ಗಿ ಹಾಡುತ್ತಾಳೆ	She sings *well*
ಅವರು ನಿನೆ– ಬಂದರು	They came *yesterday*

The italized words are adverbs here.

Declinable proper adverb:

Here the words keep on changing and the and the *pratyaya* can be added to the words and these are called declinable words.

For example:

ಮುಂದೆ ಬಂದರೆ ಹಾಯಬೇಡಿ	Do not strike if he comes in front of you
ಹಿಂದೆ ಬಂದರೆ ಒದೆಯಬೇಡಿ	Do not kick if he comes behind you

The Time bound Derived forms are:

ಇಂದು ಬರುತ್ತಾಳೆ	She will come today.
ಅಂದೇ ಮಾಡಿದೆ	I had done on that day.

The Quantity bound Derived forms are:

ಇಷ್ಟು ಬೇಡ	I do not need so much
ಎಷ್ಟು ಬೇಕು?	How much do you want?

The Free forms (a) Adverbs derived from Adjectival bases:

ಗುಲಾಬಿ ಕೆಂಪಗಿದೆ	The Rose is red
ಕಾಗೆ ಕಪ್ಪಗಿದೆ	The crow is black

The Free forms (a) Adverbs derived from Noun /Adjectie :

ಈ ಮನೆ ದೊಡ್ಡದಾಗಿದೆ	This house is big
ಪೆನ್ಸಿಲ್ ಉದ್ದ ಇದೆ	The pencil is lengthy

Indclinable Proper Adverbs

The words which always remain unchangeable are called indeclinable. As - ಈ ದಿನ (today), ನಾಳೆ (tomorrow), ಬೇಗ (quickly), ಇಲ್ಲಿ (here), ಅಲ್ಲಿ (there) etc.

Examples for indeclinable proper adverbs:

ಬೇಗ ಬಾ	Come quickly
ಸುಮ್ಮನೆ ಇರು	Keep quiet

ಸಂಬಂಧಬೋಧಕ Post-position

A word which shows relation of noun, pronoun, etc with other words of the sentence

Examples:

ಪುಸ್ತಕ ಟೇಬಲ್ ಮೇಲಿದೆ	The book is on the table
ನಿನ-ಂಥ ಧೈರ್ಯಶಾಲಿ ಬೇರೆ ಯಾರೂ ಇಲ್ಲ	There is no one brave like you

ಸಮುಚ್ಚಯ Conjunction

A word which is used to join sentences, words or clauses)

Examples: ಆದ್ದರಿಂದ, ಮತ್ತು, ಅಥವಾ, ಅಲ್ಲದೆ etc.

ರಾಮ, ಸೀತೆ ಮತ್ತು ಲಕ್ಷ್ಮಣ ಕಾಡಿಗೆ ಹೋದರು	Rama, Sita and Lakshmana went to forest
ಲಂಚ ಪಡೆಯುವುದಲ್ಲದೆ, ಲಂಚ ಕೊಡುವುದೂ ಅಪರಾಧ	Giving as well as taking bribe is a crime

ವಿಸ್ಮಯಾದಿಸೂಚಕ Interjections/Exclamation

A word which expresses an exclamatory feeling or emotion of the speaker:

Examples:

ಅಯ್ಯೋ! ನಾನು ಹೇಗೆ ತಾಳಲಿ	Alas! How can I bear.
ಓಹೋ! ಅವರಿಗೆ ಬಹುಮಾನ ಬಂತೇ?	Oh! Has he got the prize!

ಅನುಕರಣಗಳು Imitative Sounds:

Examples:

ಸರ್ರನೆ ಹರಿಯಿತು	It moved slitherly
ಉಸ್ಸೆಂದು ನಿಟ್ಟುಸಿರಿಟ್ಟ	He took a long breath with the sound us's....

19TH STEP 19 ನೆಯ ಹಂತ

CARDINAL NUMERALS (SANKHEGALU)

ಸಂಖ್ಯೆಗಳು

1. ಒಂದು
2. ಎರಡು
3. ಮೂರು
4. ನಾಲ್ಕು
5. ಐದು
6. ಆರು
7. ಏಳು
8. ಎಂಟು
9. ಒಂಬತ್ತು
10. ಹತ್ತು
11. ಹನ್ನೊಂದು
12. ಹನ್ನೆರಡು
13. ಹದಿಮೂರು
14. ಹದಿನಾಲ್ಕು
15. ಹದಿನೈದು
16. ಹದಿನಾರು
17. ಹದಿನೇಳು
18. ಹದಿನೆಂಟು
19. ಹತ್ತೊಂಬತ್ತು
20. ಇಪ್ಪತ್ತು
21. ಇಪ್ಪತ್ತೊಂದು
22. ಇಪ್ಪತ್ತೆರಡು
23. ಇಪ್ಪತ್ತು ಮೂರು
24. ಇಪ್ಪತ್ತು ನಾಲ್ಕು
25. ಇಪ್ಪತ್ತೈದು
26. ಇಪ್ಪತ್ತಾರು
27. ಇಪ್ಪತ್ತೇಳು
28. ಇಪ್ಪತ್ತೆಂಟು
29. ಇಪ್ಪತ್ತೊಂಬತ್ತು
30. ಮೂವತ್ತು
31. ಮೂವತ್ತೊಂದು
32. ಮೂವತ್ತೆರಡು
33. ಮೂವತ್ತ ಮೂರು
34. ಮೂವತ್ನಾಲ್ಕು
35. ಮೂವತ್ತೈದು
36. ಮೂವತ್ತಾರು
37. ಮೂವತ್ತೇಳು
38. ಮೂವತ್ತೆಂಟು
39. ಮೂವತ್ತೊಂಬತ್ತು
40. ನಲವತ್ತು
41. ನಲವತ್ತೊಂದು
42. ನಲವತ್ತೆರಡು
43. ನಲವತ್ತ ಮೂರು
44. ನಲವತ್ನಾಲ್ಕು
45. ನಲವತ್ತೈದು
46. ನಲವತ್ತಾರು
47. ನಲವತ್ತೇಳು
48. ನಲವತ್ತೆಂಟು
49. ನಲವತ್ತೊಂಬತ್ತು
50. ಐವತ್ತು
51. ಐವತ್ತೊಂದು
52. ಐವತ್ತೆರಡು
53. ಐವತ್ಮೂರು
54. ಐವತ್ನಾಲ್ಕು
55. ಐವತ್ತೈದು
56. ಐವತ್ತಾರು
57. ಐವತ್ತೇಳು
58. ಐವತ್ತೆಂಟು
59. ಐವತ್ತೊಂಬತ್ತು
60. ಅರವತ್ತು
61. ಅರವತ್ತೊಂದು
62. ಅರವತ್ತೆರಡು
63. ಅರವತ್ಮೂರು
64. ಅರವತ್ನಾಲ್ಕು
65. ಅರವತ್ತೈದು
66. ಅರವತ್ತಾರು
67. ಅರವತ್ತೇಳು
68. ಅರವತ್ತಂಟು
69. ಅರವತ್ತೊಂಬತ್ತು
70. ಎಪ್ಪತ್ತು
71. ಎಪ್ಪತ್ತೊಂದು
72. ಎಪ್ಪತ್ತೆರಡು
73. ಎಪ್ಪತ್ಮೂರು
74. ಎಪ್ಪತ್ನಾಲ್ಕು
75. ಎಪ್ಪತ್ತೈದು
76. ಎಪ್ಪತ್ತಾರು
77. ಎಪ್ಪತ್ತೇಳು
78. ಎಪ್ಪತ್ತೆಂಟು
79. ಎಪ್ಪತೊಂಬತ್ತು
80. ಎಂಬತ್ತು
81. ಎಂಬತ್ತೊಂದು

82.	ಎಂಬತ್ತೆರಡು	89.	ಎಂಬತ್ತೊಂಬತ್ತು	96.	ತೊಂಬತ್ತಾರು
83.	ಎಂಬತ್ಮೂರು	90.	ತೊಂಬತ್ತು	97.	ತೊಂಬತ್ತೇಳು
84.	ಎಂಬತ್ನಾಲ್ಕು	91.	ತೊಂಬತ್ತೊಂದು	98.	ತೊಂಬತ್ತೆಂಟು
85.	ಎಂಬತ್ತೈದು	92.	ತೊಂಬತ್ತೆರಡು	99.	ತೊಂಬತ್ತೊಂಬತ್ತು
86.	ಎಂಬತ್ತಾರು	93.	ತೊಂಬತ್ಮೂರು	100.	ನೂರು
87.	ಎಂಬತ್ತೇಳು	94.	ತೊಂಬತ್ನಾಲ್ಕು		
88.	ಎಂಬತ್ತೆಂಟು	95.	ತೊಂಬತ್ತೈದು		

1,000 ಒಂದು ಸಾವಿರ 1,00,000 ಒಂದು ಲಕ್ಷ

1,00,00,000 ಒಂದು ಕೋಟಿ

Ordinals ಕ್ರಮಾಂಕಗಳು (Kramaankagalu)

1st	ಮೊದಲನೆಯ	6th	ಆರನೆಯ
2nd	ಎರಡನೆಯ	7th	ಏಳನೆಯ
3rd	ಮೂರನೆಯ	8th	ಎಂಟನೆಯ
4th	ನಾಲ್ಕನೆಯ	9th	ಒಂಬತ್ತನೆಯ
5th	ಐದನೆಯ	10th	ಹತ್ತನೆಯ

Multiplicative numerals ಗುಣಾಂಕಗಳು (Gunaankagalu)

Twofold	ಎರಡರಷ್ಟು	Sevenfold	ಏಳರಷ್ಟು
Threefold	ಮೂರರಷ್ಟು	Eightfold	ಎಂಟರಷ್ಟು
Fourfold	ನಾಲ್ಕರಷ್ಟು	Ninefold	ಒಂಬತ್ತರಷ್ಟು
Fivefold	ಐದರಷ್ಟು	Tenfold	ಹತ್ತರಷ್ಟು
Sixfold	ಆರರಷ್ಟು		

Frequentative numerals ಪುನರಾವರ್ತಿಸುವ ಅಂಕಗಳು (Punravartisuvaankagalu)

Once ಒಂದು ಸಲ	Four time ನಾಲ್ಕು ಸಲ
Twice ಎರಡುಸಲ	Five time ಐದು ಸಲ
Thrice ಮೂರುಸಲ	

Aggregative numerals ಒಟ್ಟು ಸಂಖ್ಯೆಗಳು (Ottu sankhegalu)

Both	ಇಬ್ಬರು	All twenty	ಎಲ್ಲಾ ಇಪ್ಪತ್ತು
All three	ಮೂವರು	Crores of	ಕೋಟ್ಯಾನುಕೋಟಿ
All four	ನಾಲ್ವರು	Hundreds of	ನೂರಾರು
All ten	ಐವರು	Thousands of	ಸಾವಿರಾರು

20TH STEP 20 ನೆಯ ಹಂತ

THE WORDS OFTEN CONFUSED

ಗೊಂದಲ ಉಂಟು ಮಾಡುವ ಪದಗಳು

ಆರಸ	ಆಗಸ	ಖರ್ಚು	ಕರ್ಚು
ಒರಟ	ಓಟ	ಫಲ	ಪಲ
ನಮನ	ನಯನ	ನಿರ್ದಿಷ್ಟ	ನಿರ್ಧಿಷ್ಟ
ರಮಣ	ಮರಣ	ಕಣ್ವ	ಕರ್ಣ
ಜಾತಕ	ಚಾತಕ	ಕತ್ತೆ	ಕತ್ತಿ
ಗಟಾರ	ಕಠಾರಿ	ನಿರ್ದೇಷ	ನಿರ್ದ್ವೇಷ
ಕಳಾಪ	ಕಪಾಳ	ಅಡ್ಡ	ಅಡ್ಡಿ
ಕಡಾಯ	ಕಣಾಯ	ಛದ್ಮ	ಪದ್ಮ
ಬಾಲ	ಭಾಳ	ದ್ಯೇಯ	ಧ್ಯೇಯ
ವಿಧಿ	ನಿಧಿ	ಸ್ವಾಸ್ತ	ಸ್ವಾಸ್ಥ್ಯ
ಭಾರ	ಬಾರಿ	ಖರ್ಜೂರ	ಕರ್ಜೂರ
ಭಾವಿ	ಬಾವಿ	ಪುಷ್ಠ	ಪೃಷ್ಟ
ಧನ	ದನ	ಅಭ್ಯುದಯ	ಅಭ್ಯಂತರ
ಕೃತಜ್ಞ	ಕೃತಘ್ನ	ಮಿತ್ಯ	ಮಿಥ್ಯ
ಸಂಬಂಧ	ಸಂಭಂದ	ಲೋಕಿಕ	ಲೌಕಿಕ
ನಿರೋದ	ನಿರೋಧ	ಆಧೀನ	ಅಧೀನ
ಭೂಮಿ	ಬೂಮಿ	ನಿರ್ದೇಶ	ನಿರ್ದೇಶ
ಗಗಗ	ಘನ	ಕಾರ್ಯ	ಕಾರ್ಯ
ಮಧು	ಮದು	ಕ್ರೌರ್ಯ	ಕಾರ್ಯ
ಯೋಗ	ರೋಗ	ಧರ್ಮ	ದರ್ಮ
ಕೌರವ	ಗೌರವ	ಗ್ರಹಣ	ಗರಣ
ದಿನಾಂಕ	ದಿನಾಂಖ	ಒಯ್ದು	ಬಯ್ದು
ಸ್ವಚ್ಛ	ಸ್ವಚ್ಚ	ಒಂದು	ಬಂದು
ಉಚ್ಚಾರಣೆ	ಉಚ್ಛಾರಣೆ	ಚತ್ರಿ	ಛತ್ರಿ

PART 3- CLASSIFIED SENTENCES

21ST STEP 21 ನೆಯ ಹಂತ

USEFUL EXPRESSIONS

ಉಪಯೋಗಿಸಲ್ಪಡುವ ಲಘು ವಾಕ್ಯಗಳು

We can convey our thoughts and feelings through phrases and sentences. Let us learn to speak briefly.

Here are some phrases and short sentences:

1. Hello!	ಹಲೋ	halō
2. Happy New Year!	ಹೊಸ ವರ್ಷದ ಶುಭಾಶಯಗಳು!	hosa varṣada śubhāśayagaḷu !
3. Same to you!	ನಿಮಗೂ ಸಹ !	nimagū saha !
4. Happy birthday to you!	ನಿಮಗೆ ಹುಟ್ಟು ಹಬ್ಬದ ಶುಭಾಶಯಗಳು !	nimage huṭṭu habbada śubhāśayagaḷu !
5. Welcome you all!	ನಿಮ್ಮೆಲ್ಲರಿಗೂ ಸ್ವಾಗತ !	nimmellarigū svāgata !
6. Congratulations!	ಅಭಿನಂದನೆಗಳು !	abhinandanegaḷu !
7. Thanks for your kind visit.	ನಿಮ್ಮ ನಮ್ರ ಭೇಟಿಗೆ ಧನ್ಯವಾದಗಳು.	nimma namra bhēṭige dhanyavādagaḷu.
8. Thank God!	ಭಗವಂತನಿಗೆ ಧನ್ಯವಾದಗಳು !	bhagavantanige dhanyavādagaḷu !
9.Oh my darling!	ಓ ನನ್ನ ಪ್ರಿಯ !	ō nanna priya !
10. O God!	ಓ ದೇವರೇ !	ō dēvarē !
11. Oh!	ಓಹ್ !	ōh !
12. Bravo!	ಎಂಥ ಧೈರ್ಯಶಾಲಿ!	eṃtha dhairyaśāli!
13. Woe!	ದುಃಖ !	duḥkha !
14. Excellent!	ತುಂಬಾ ಚೆನ್ನಾಗಿದೆ !	tumbā cennāgide !
15. How terrible!	ಎಷ್ಟು ಭಯಂಕರ !	eṣṭu bhayaṅkara !
16. How absurd!	ಎಷ್ಟು ವ್ಯರ್ಥ !	eṣṭu vyartha !
17. How beautiful!	ಎಷ್ಟು ಸುಂದರ !	eṣṭu sundara !
18. How disgraceful!	ಎಷ್ಟೊಂದು ಅವಮಾನಕರ!	eṣṭondu avamānakara!
19. Really!	ನಿಜವಾಗಿಯೂ!	nijavāgiyū!
20. O.K.	ಸರಿ	sari
21.Wonderful!	ಅದ್ಭುತ !	adbhuta !

22. Thank you!	ಧನ್ಯವಾದಗಳು !	dhanyavādagaḷu !
23. Certainly!	ಖಂಡಿತವಾಗಿಯೂ!	khaṇḍitavāgiyū!
24. What a great victory !	ಎಂತಹ ಮಹಾ ವಿಜಯ !	eṃtaha mahā vijaya!
25. With best compliments!	ಅಭಿನಂದನೆಗಳೊಂದಿಗೆ !	abhinandanegaḷondige!

Some useful clauses and short sentences:

1. Just a minute.	ಒಂದು ನಿಮಿಷ.	oṃdu nimiṣa.
2. Just coming.	ಈಗ ಬರುತ್ತಿದ್ದೇನೆ	Īga baruttiddēne
3. Any more?	ಬೇರೆ ಏನಾದರೂ ?	bēre ēnādarū ?
4. Enough.	ಸಾಕು.	sāku.
5. Anything else?	ಇನ್ನೂ– ಏನಾದರೂ ?	innū ēnādarū ?
6. Nothing to worry.	ಚಿಂತಿಸಬೇಡಿ.	cintisabēḍi.
7. As you like.	ನಿಮ್ಮ ಇಷ್ಟದಂತೆ.	nimma iṣṭadante.
8. Mention not.	ಪ್ರಸ್ತಾಪಿಸಬೇಡಿ.	prastāpisabēḍi.
9. Nothing more.	ಬೇರೇನು ಇಲ್ಲ.	bērēnu illa.
10. Not at all.	ಇಲ್ಲವೇ ಇಲ್ಲ.	illavē illa.
11. For ladies only.	ಹೆಂಗಸರಿಗೆ ಮಾತ್ರ	heṅgasarige mātra
12. To let	ಬಾಡಿಗೆಗೆ	bāḍigege
13. No admission.	ಪ್ರವೇಶ ನಿರ್ಬಂದಿಸಲಾಗಿದೆ	pravēśa nirbandisalāgide
14. No entrance.	ಪ್ರವೇಶವಿಲ್ಲ.	pravēśavilla.
15. No thoroughfare.	ಮುಖ್ಯ ರಸ್ತೆಯಿಲ್ಲ.	mukhya rasteyilla.
16. No talking.	ಮಾತನಾಡಬೇಡಿ.	mātanāḍabēḍi.
17. No smoking.	ಧೂಮಪಾನ ನಿಷೇದ	dhūmapāna niṣēda
18. No spitting.	ಎಂಜಲು ಉಗಿಯಬಾರದು	eṃjalu ugiyabāradu
19. No parking.	ವಾಹನ ನಿಲುಗಡೆಗೆ ಸ್ಥಳವಿಲ್ಲ	vāhana nilugaḍege sathiḷavilla
20. No exit	ಹೊರಕ್ಕೆ ದಾರಿಯಿಲ್ಲ.	horakke dāriyilla.

23RD STEP 22 ನೆಯ ಹಂತ

IMPERATIVE SENTENCES

ಆಜ್ಞಾರ್ಥಕ ವಾಕ್ಯಗಳು

In the following sentences, there are many verbs in the imperative mood expressing order, request for advice.

Here are some examples of short sentences giving force to verbs.

1. *Sentences Indicating Order:*

1. Be quick.	ಬೇಗ ಆಗಲಿ	bēga āgali
2. Be quiet.	ಸುಮ್ಮನೆ ಇರು	summane iru
3. Come in.	ಒಳಗೆ ಬಾ	oḷage bā
4. Get out.	ಹೊರಗೆ ಹೋಗು	horage hōgu
5. Stick no bills.	ಚೀಟಿಗಳನು– ಅಂಟಿಸಬಾರದು	cīṭigaḷannu aṃṭisabāradu
6. Don't talk rubbish	ಕೆಟ್ಟದಾಗಿ ಮಾತನಾಡಬೇಡ	keṭṭadāgi mātanāḍabēḍa
7. Be careful	ಜಾಗ್ರತೆಯಾಗಿರು	jāgrateyāgiru
8. Bring a glass of water.	ಒಂದು ಲೋಟ ನೀರು ತೆಗೆದುಕೊಂಡು ಬಾ	oṃdu lōṭa nīru tegedukoṇḍu bā
9. Don't forget to come tomorrow.	ನಾಳೆ ಬರುವುದಕ್ಕೆ ಮರೆಯಬೇಡ.	nāḷe baruvudakke mareyabēḍa.
10. Don't hurry.	ಗಡಿಬಿಡಿ ಮಾಡಬೇಡ	gaḍibiḍi māḍabēḍa
11. Don't be talkative.	ತುಂಬಾ ಮಾತನಾಡಬೇಡ	tumbā mātanāḍabēḍa
12. Speak the truth.	ನಿಜವನು– ಹೇಳು	nijavannu hēḷu
13. Don't tell a lie.	ಸುಳ್ಳು ಹೇಳಬೇಡ	suḷḷu hēḷabēḍa
14. Go back.	ಹಿಂದಕ್ಕೆ ಹೋಗು	hindakke hōgu
15. Work hard.	ಶ್ರಮವಹಿಸಿ ಕೆಲಸ ಮಾಡು	śramavahisi kelasa māḍu
16. Shut the window.	ಕಿಟಕಿ ಬಾಗಿಲು ಮುಚು	kiṭaki bāgilu mucu
17. Open the door.	ಬಾಗಿಲು ತೆಗೆ	bāgilu tege
18. Come forward.	ಮುಂದಕ್ಕೆ ಬಾ	mundakke bā
19. Come alone.	ಒಬ್ಬನೇ ಬಾ	obbanē bā

20. Sit down.	ಕುಳಿತುಕೋ	kuḷitukō
21. Stand up.	ನಿಂತುಕೋ	nintukō
22. Get up early.	ಬೇಗ ಎದ್ದೇಳು	bēga eddēḷu
23. Be ready by 8 o' clock.	8 ಗಂಟೆಯೊಳಗೆ ಸಿದ್ಧವಾಗಿರು	8 gaṇṭeyoḷage siddhavāgima
24. Always keep to the left.	ಯಾವಾಗಲೂ ಎಡಬದಿಯಲ್ಲಿ ನಡೆ	yāvāgalū eḍabadiyalli naḍe
25. Give up bad habits.	ಕೆಟ್ಟ ಅಭ್ಯಾಸಗಳನು– ಬಿಡು	keṭṭa abhyāsagaḷannu biḍu
26. Mind your own business.	ನಿನ– ಕೆಲಸ ನೀನು ಮಾಡು	ninna kelasa nīnu māḍu
27. Ring the bell.	ಗಂಟೆ ಬಾರಿಸು	gaṇṭe bārisu
28. Take it away.	ಅದನು– ತೆಗೆದುಕೊಂಡು ಹೋಗು	adannu tegedukoṇḍu hōgu
29. Return the balance.	ಉಳಿದ ಹಣವನು– ಹಿಂತಿರುಗಿಸು	uḷida haṇavannu hintirugisu

2. *Sentences Indicating Request:*

30. Please, excuse me.	ನನ–ನು– ಕ್ಷಮಿಸಿಬಿಡಿ	nannannu kṣamisibiḍi
31. Don't mind, please.	ನೀವು ಏನೂ ಅಂದುಕೊಳ್ಳದಿದ್ದರೆ	nīvu ēnū aṃdukoḷḷadiddare
32. Please, try to understand me.	ದಯವಿಟ್ಟು ನನ–ನು– ಅರ್ಥಮಾಡಿಕೊಳ್ಳಿ.	dayaviṭṭu nannannu arthamāḍikoḷḷi.
33. Please lend me your bicycle.	ದಯವಿಟ್ಟು ನಿಮ್ಮ ಸೈಕಲನು– ಕೊಡಿ.	dayaviṭṭu nimma saikalannu koḍi.
34. Follow me, please.	ದಯವಿಟ್ಟು ನನ–ನು– ಹಿಂಬಾಲಿಸಿ.	dayaviṭṭu nannannu himbālisi.
35. Please, have a cold drink.	ದಯವಿಟ್ಟು ತಂಪು ಪಾನೀಯವನು– ತೆಗೆದುಕೊಳ್ಳಿ.	dayaviṭṭu tampu pānīyavannu tegedukoḷḷi.
36. Have some coffee, please.	ಸ್ವಲ್ಪ ಕಾಫಿಯನು– ತೆಗೆದುಕೊಳ್ಳಿ ದಯವಿಟ್ಟು.	svalpa kāphiyannu tegedukoḷḷi, dayaviṭṭu.
37. Please, have the room swept.	ದಯವಿಟ್ಟು ಕೋಣೆಯನು– ಗುಡಿಸಿಡಿ.	dayaviṭṭu kōṇeyannu guḍisiḍi.
38. Please, call the servant.	ದಯವಿಟ್ಟು ಜವಾನನು– ಕರೆಯಿರಿ.	dayaviṭṭu javānannu kareyiri.
39. Please, pass me the chilly.	ದಯವಿಟ್ಟು ಮೆಣಸಿನಕಾಯಿಯನು– ನನಗೆ ಸಾಗಿಸಿರಿ.	dayaviṭṭu meṇasinakāyiyannu nanage sāgisiri.

40. Please, bring us some sweets.	ದಯವಿಟ್ಟು ನಮಗೆ ಸ್ವಲ್ಪ ಸಿಹಿತಿಂಡಿಗಳನು– ತನಿ–.	dayaviṭṭu namage svalpa sihitiṇḍigaḷannu tanni.
41. Please deliver the goods at my residence.	ದಯವಿಟ್ಟು ಸಾಮಾನುಗಳನು– ನನ– ಮನೆಯಲ್ಲಿ ವಿತರಣೆ ಮಾಡಿ.	dayaviṭṭu sāmānugaḷannu nanna maneyalli vitaraṇe māḍi.
42. Please take your bath.	ದಯವಿಟ್ಟು ಸಾ–ನ ಮಾಡಿ.	dayaviṭṭu snāna māḍi.
43. Please have your seat.	ದಯವಿಟ್ಟು ನಿಮ್ಮ ಜಾಗದಲ್ಲಿ ಕುಳಿತುಕೊಳ್ಳಿ.	dayaviṭṭu nimma jāgadalli kuḷitukoḷḷi.
44. Kindly inform at the right time.	ದಯವಿಟ್ಟು ಸಮಯಕ್ಕೆ ಸರಿಯಾಗಿ ತಿಳಿಸಿ.	dayaviṭṭu samayakke sariyāgi tiḷisi.
45. Kindly grant me a loan.	ದಯವಿಟ್ಟು ನನಗೆ ಸ್ವಲ್ಪ ಸಾಲವನು– ನೀಡಿರಿ.	dayaviṭṭu nanage svalpa sālavannu nīḍiri.

3. *Sentences Indicating Advice:*

46. Let us go in time.	ಸಮಯಕ್ಕೆ ಸರಿಯಾಗಿ ಹೋಗೋಣ.	samayakke sariyāgi hōgōṇa.
47. Work hard lest you fail.	ವಿಫಲವಾಗದೆ ಇರಲು ಕಷ್ಟಪಟ್ಟು ಕೆಲಸಮಾಡಬೇಕು.	viphalavāgade iralu kaṣyapaṭṭu kelasa māḍabēku.
48. Let us wait.	ನಾವು ಕಾಯೋಣ.	nāvu kāyōṇa.
49. Let us go for a walk.	ನಾವು ನಡೆಯಲು ಹೋಗೋಣ.	nāvu naḍeyalu hōgōṇa.
50. Let us make the best use of time.	ನಾವು ಸಮಯವನು– ಚೆನಾ–ಗಿ ಬಳಸಿಕೊಳ್ಳೋಣ.	nāvu samayavannu cennāgi baḷasikoḷḷōṇa.
51. Let us try our best.	ನಮಗೆ ಸಾಧ್ಯವಾದಷ್ಟು ಪ್ರಯತ– ಮಾಡೋಣ.	namage sādhyavādasṭu prayatna māḍōṇa
52. Let it be so	ಅದು ಹಾಗೇ ಇರಲಿ.	adu hāgē irali.
53. Let us think first about this matter.	ನಾವು ಮೊದಲು ಈ ವಿಷಯದ ಬಗ್ಗೆ ಯೋಚಿಸೋಣ.	nāvu modalu ī viṣayada bagge yōcisōṇa.
54. Let us go to the cinema together.	ನಾವಿಬ್ಬರೂ ಸೇರಿ ಸಿನಿಮಾಗೆ ಹೋಗೋಣ.	nāvibbarū sēri sinimāge hōgōṇa.

23RD STEP 23 ನೆಯ ಹಂತ

PRESENT TENSE

ಭೂತಕಾಲ

1. *Present Indefinite Tense*

1. I write a letter to my brother.	ನಾನು ನನ್ನ ಸಹೋದರನಿಗೆ ಪತ್ರ ಬರೆಯುತ್ತೇನೆ	nānu nanna sahōdara nige patrabareyuttēne
2. Some children like sweets.	ಕೆಲವು ಮಕ್ಕಳು ಸಿಹಿತಿಂಡಿಗಳನ್ನು ಇಷ್ಟಪಡುತ್ತಾರೆ.	kelavu makkaḷu sihitiṇḍigaḷannu iṣṭapaḍuttāre.
3. I leave home at 9.00. a.m. everyday.	ನಾನು ಪ್ರತಿನಿತ್ಯವೂ ಬೆಳಿಗ್ಗೆ 9 ಗಂಟೆಗೆ ಮನೆಯಿಂದ ಹೊರಡುತ್ತೇನೆ.	nānu pratinityavū beḷigge 9 gaṇṭege maneyinda horaḍuttēne.
4. The earth moves round the sun.	ಭೂಮಿಯು ಸೂರ್ಯನ ಸುತ್ತಲೂ ಸುತ್ತುತ್ತದೆ.	bhūmiyu sūryana suttalū suttuttade.
5. A good child always obeys his parents.	ಒಳ್ಳೆಯ ಮಗು ಯಾವಾಗಲೂ ತನ್ನ ತಂದೆ ತಾಯಿಗಳಿಗೆ ವಿಧೇಯವಾಗಿರುತ್ತದೆ.	oḷḷeya magu yāvāgalū tanna tande tāyigaḷige vidhēyavāgiruttade.
6. She drives too quickly.	ಅವಳು ಬಹಳ ವೇಗವಾಗಿ ವಾಹನ ಓಡಿಸುತ್ತಾಳೆ.	avaḷu bahaḷa vēgavāgi vāhana ōḍisuttāḷe.
7. I brush my teeth twice a day.	ನಾನು ದಿನಕ್ಕೆ ಎರಡು ಸಲ ಹಲ್ಲು ಉಜ್ಜುತ್ತೇನೆ.	nānu dinakke eraḍu sala hallu ujjuttēne.
8. We live in India.	ನಾವು ಭಾರತದಲ್ಲಿದ್ದೇವೆ.	nāvu bhāratadalliddēve.
9. You always forget to pay.	ನೀವು ಯಾವಾಗಲೂ ಹಣವನ್ನು ಪಾವತಿಸಲು ಮರೆಯುತ್ತೀರಿ.	nīvu yāvāgalū haṇavannu pāvatisalu mareyuttīri.
10. The last bus leaves at midnight.	ಕೊನೆಯ ಬಸ್ಸು ಮಧ್ಯರಾತ್ರಿಗೆ ಹೊರಡುತ್ತದೆ.	koneya bassu madhyarātrige horaḍuttade.
11. You spend all your money on clothes.	ನೀವು ನಿಮ್ಮೆಲ್ಲಾ ಹಣವನ್ನು ಬಟ್ಟೆ ಕೊಳ್ಳುವುದಕ್ಕೆ ಖರ್ಚು ಮಾಡುತ್ತೀರಿ.	nīvu nimmellā haṇavannu baṭṭe koḷḷuvudakke kharcu māḍuttīri.

12. Someone knocks at the door.	ಯಾರೋ ಬಾಗಿಲು ತಟ್ಟುತ್ತಿದ್ದಾರೆ.	yārō bāgilu taṭṭuttiddāre.
13. She always wears glasses	ಅವಳು ಯಾವಾಗಲೂ ಕನ–ಡಕವನು– ಧರಿಸಿರುತ್ತಾಳೆ.	avaḷu yāvāgalū kannaḍakavannu dharisiruttāḷe.
14. In India, there are fifteen regional languages.	ಭಾರತದಲ್ಲಿ 15 ಪ್ರಾಂತೀಯ ಭಾಷೆಗಳಿವೆ.	bhāratadalli 15 prantīya bhāṣegaḷive.

2. *Present Continuous Tense*

1. My mother is sweeping the room.	ನನ– ಅಮ್ಮ ಕೋಣೆಯನು– ಗುಡಿಸುತ್ತಿದ್ದಾರೆ.	nanna amma kōṇe yannu guḍisuttiddāre
2. I am reading Nav Bharat Times.	ನಾನು 'ನವಭಾರತ್ ಟೈಮ್ಸ್ ಅನು–' ಓದುತ್ತಿದ್ದೇನೆ.	nānu navabhārat ṭaims annu ōduttiddēne.
3. The dog is lying under the car.	ನಾಯಿ ಕಾರು ಕೆಳಗೆ ಮಲಗಿಕೊಂಡಿದೆ	nāyi kāru keḷage malagikoṇḍide
4. He is going to the market.	ಅವನು ಮಾರುಕಟ್ಟೆಗೆ ಹೋಗುತ್ತಿದ್ದಾನೆ.	avanu mārukaṭṭege hōguttiddāne.
5. She is crying for nothing.	ಅವಳು ಕಾರಣವಿಲ್ಲದೆ ಅಳುತ್ತಿದ್ದಾಳೆ.	avaḷu kāraṇavillade aḷuttiddāḷe.
6. I am just coming.	ನಾನು ಈಗ ಬರುತ್ತಿದ್ದೇನೆ.	nānu īga baruttiddēne.
7. I am looking at the sky.	ನಾನು ಆಕಾಶವನು– ನೋಡುತ್ತಿದ್ದೇನೆ.	nānu ākāśavannu nōḍuttiddēne.
8. I am singing the song.	ನಾನು ಹಾಡನು– ಹಾಡುತ್ತಿದ್ದೇನೆ.	nānu hāḍannu hāḍuttiddēne.
9. She is looking for a pen.	ಅವಳು ಪೆನ್–ಗಾಗಿ ನೋಡುತ್ತಿದ್ದಾಳೆ	avaḷu pennigāgi nōḍuttiddāḷe
10. The patient is going to the hospital	ರೋಗಿಯು ಆಸ್ಪತ್ರೆಗೆ ಹೋಗುತ್ತಿದ್ದಾರೆ.	rōgiyu āspatrege hōguttiddāre.

3. *Doubtful Present Tense*

1. She may be reaching her office.	ಅವಳು ತನ– ಕಾರ್ಯಾಲಯವನು– ಸೇರಿರಬಹುದು.	avaḷu tanna kāryālayavannu sērirabahudu.
2. They may be thinking wrong.	ಅವರು ತಪ್ಪಾಗಿ ತಿಳಿದುಕೊಂಡಿರಬಹುದು.	avaru tappāgi tiḷidukoṇḍirabahudu.

3. I may be going to Bombay tomorrow.	ನಾನು ನಾಳೆ ಮುಂಬೈಗೆ ಹೋಗಬಹುದು.	nānu nāḷe mumbaige hōgabahudu.
4. I may be teaching Hindi to my pupils.	ನಾನು ನನ– ವಿದ್ಯಾರ್ಥಿಗಳಿಗೆ ಹಿಂದಿಯನು– ಬೋಧಿಸಬಹುದು	nānu nanna vidyārthigaḷige hindiyannu bōdisabahudu
5. Your sister may be waiting for you.	ನಿನ– ಸಹೋದರಿ ನಿನಗಾಗಿ ಕಾದಿರಬಹುದು.	ninna sahōdari ninagāgi kādirabahudu.
6. She may be playing on the violin	ಅವಳು ವಯೋಲಿನ್ ನುಡಸುತ್ತಿರಬಹುದು.	avaḷu vayōlin nuḍasuttirabahudu.
7. She may be returning the money in a week.	ಅವಳು ಹಣವನು– ಒಂದು ವಾರದೊಳಗೆ ಹಿಂತಿರುಗಿಸಬಹುದು.	avaḷu haṇavamna oṃdu vāradoḷage hintirugisabahudu.
8. Rama may be learning her lesson in the morning.	ರಮಾ ತನ– ಪಾಠಗಳನು– ಬೆಳಗಿನ ಹೊತ್ತಲ್ಲಿ ಓದುತ್ತಿರಬಹುದು.	ramā tanna pāṭhagaḷannu beḷagina hottalli ōduttirabahudu.

24TH STEP 24 ನೆಯ ಹಂತ

FUTURE TENSE

ಭವಿಷ್ಯತ್ ಕಾಲ

1. *Future Indefinite Tense*

1. I shall write a letter to my brother.	ನಾನು ನನ್ನ ಸಹೋದರನಿಗೆ ಪತ್ರವನ್ನು ಬರೆಯುತ್ತೇನೆ.	nānu nanna sahōdaranige patravannu bareyuttēne.
2. My father will reach here by Sunday.	ನನ್ನ ತಂದೆಯವರು ಭಾನುವಾರದೊಳಗೆ ಇಲ್ಲಿಗೆ ಬಂದು ಸೇರುತ್ತಾರೆ.	nanna tandeyavaru bhānuvāradoḷage illige bandu sēruttāre.
3. The mother will go to the market	ಅಮ್ಮ ನಾಳೆ ಮಾರುಕಟ್ಟೆಗೆ ಹೋಗುತ್ತಾರೆ.	amma nāḷe mārukaṭṭege hōguttāre.
4. She will study hard this year.	ಅವಳು ಈ ವರ್ಷ ಕಷ್ಟಪಟ್ಟು ಓದುತ್ತಾಳೆ.	avaḷu ī varṣa kaṣṭapaṭṭu ōduttāḷe.
5. It will serve my purpose.	ಇದು ನನ್ನ ಉದ್ದೇಶವನ್ನು ಪೂರೈಸುತ್ತದೆ.	idu nanna uddēśavannu pūraisuttade.
6. I shall return day after	ನಾನು ನಾಳಿದ್ದು ಹಿಂದಿರುಗುತ್ತೇನೆ.	nānu nāḷiddu hindiruguttēne.
7. My brother will stay here at night.	ನನ್ನ ಸಹೋದರ ರಾತ್ರಿಗೆ ಇಲ್ಲೇ ಉಳಿಯುತ್ತಾರೆ.	nanna sahōdara rātrige illē uḷiyuttāre.
8. I shall return in the evening definitely.	ನಾನು ಖಂಡಿತವಾಗಿ ಸಾಯಿಂಕಾಲ ಹಿಂದಿರುಗಿ ಬರುತ್ತೇನೆ.	nānu khaṇḍitavāgi sāyiṅkāla hindirugi baruttēne.
9. I will do it whatever happens.	ಏನೇ ಆಗಲಿ ನಾನು ಅದನ್ನು ಮಾಡುತ್ತೇನೆ.	ēnē āgali nānu adannu māḍuttēne.
10. I will certainly give you what you want.	ನಾನು ಖಚಿತವಾಗಿ ನಿನಗೆ ಏನು ಬೇಕೋ ಅದನ್ನು ಕೊಡುತ್ತೇನೆ.	nānu khacitavāgi ninage ēnu bēkō adannu koḍuttēne.
11. We shall start at about 5 o'clock.	ನಾವು ಸುಮಾರು 5 ಗಂಟೆಗೆ ಹೊರಡೋಣ.	nāvu sumāru 5 gaṇṭege horaḍōṇa.

12. I will give up smoking definitely.	ನಾನು ಧೂಮಪಾನವನ್ನು ಖಂಡಿತವಾಗಿ ಬಿಡುತ್ತೇನೆ.	nānu dhūmapānavannu khaṇḍitavāgi biḍuttēne.
13. I will come positively.	ನಾನು ಸಕಾರಾತ್ಮಕವಾಗಿ ಬರುತ್ತೇನೆ.	nānu sakārātmakavāgi baruttēne.
14. I will see it later on.	ನಾನು ಅದನ್ನು ನಂತರ ನೋಡುತ್ತೇನೆ.	nānu adannu nantara nōḍuttēne.

2. *Contingent Future Tense*

1. If your elder brother comes you must come too.	ನಿನ್ನ ಅಣ್ಣ ಬಂದರೆ ನೀನು ಬರಬೇಕು.	ninna aṇṇa bandare nīnu barabeku.
2. If you stay I will also stay.	ನೀನು ಉಳಿದರೆ ನಾನೂ ಉಳಿಯುತ್ತೇನೆ.	nīnu uḷidare nānū uḷiyuttēne.
3. Ranjana may arrive today.	ರಂಜನ ಈ ದಿನ ಬರಬಹುದು.	rañjana ī dina barabahudu.
4. I may invite my colleagues also.	ನಾನು ನನ್ನ ಸಹೋದ್ಯೋಗಿಗಳನ್ನು ಆಹ್ವಾನಿಸಬಹುದು.	nānu nanna sahōdyōgigaḷannu āhvānisabahudu.
5. If you go for a walk, call me also.	ನೀನು ನಡೆದಾಡುವುದಕ್ಕೆ ಹೋದರೆ ನನ್ನನ್ನೂ ಕರೆ.	nīnu naḍedāḍuvudakke hōdare nannannū kare.
6. You may rest in my cottage if you like.	ನೀನು ಇಷ್ಟಪಟ್ಟರೆ ನನ್ನ ಕುಟೀರದಲ್ಲಿ ವಿಶ್ರಾಂತಿ ಪಡೆಯಬಹುದು.	nīnu iṣṭapaṭṭare nanna kuṭīradalli viśrānti paḍeyabahudu.
7. I may leave this station any time.	ನಾನು ಈ ನಿಲ್ದಾಣವನ್ನು ಯಾವಾಗ ಬೇಕಾದರೂ ಬಿಡಬಹುದು.	nānu ī nildāṇavannu yāvāga bēkādarū biḍabahudu.
8. She may attend the meeting tomorrow.	ನಾಳೆ ಅವಳು ಸಭೆಗೆ ಹಾಜರಾಗಬಹುದು.	nāḷe avaḷu sabhege hājarāgabahudu.
9. Lest he may escape.	ಅವನು ತಪ್ಪಿಸಿಕೊಳ್ಳಲು ಆಗದೆ ಇರಬಹುದು.	avanu tappisikoḷḷalu āgade irabahudu.
10. You may get admission either in science or in commerce.	ನೀನು ವಿಜ್ಞಾನ ಅಥವಾ ವಾಣಿಜ್ಯ ವಿಷಯಗಳಿಗೆ ಪ್ರವೇಶ ಪಡೆಯಬಹುದು.	nīnu vijñāna athavā vāṇijya viṣayagaḷige pravēśa paḍeyabahudu

25TH STEP 25ನೆಯ ಹಂತ

PAST TENSE (1)

ಭೂತ ಕಾಲ (1)

1. *Past Indefinite*

1. The students reached the classroom.	ವಿದ್ಯಾರ್ಥಿಗಳು ತರಗತಿಯನ್ನು ಸೇರಿದರು.	vidyārthigaḷu taragatiyannu sēridaru.
2. The police arrested the accused.	ಆರೋಪಿಗಳನ್ನು ಪೋಲಿಸ್ ಕೈದು ಮಾಡಿದರು.	ārōpigaḷannu pōlis kaidu māḍidaru.
3. I saw him yesterday	ನಾನು ಅವನನ್ನು ನಿನ್ನೆ ನೋಡಿದೆ.	nānu avanannu ninne nōḍide.
4. We sat down on the path while walking.	ನಡೆಯುವಾಗ ನಾವು ದಾರಿಯಲ್ಲಿ ಕುಳಿತುಕೊಂಡೆವು.	naḍeyuvāga nāvu dāriyalli kuḷitukoṇḍevu.
5. I went to your house in the morning.	ನಾನು ಬೆಳಿಗ್ಗೆ ನಿಮ್ಮ ಮನೆಗೆ ಹೋಗಿದ್ದೆ.	nānu beḷigge nimma manege hōgidde.
6. We gave her a warm welcome.	ನಾವು ಅವರಿಗೆ ಹಾರ್ದಿಕ ಸ್ವಾಗತವನ್ನು ನೀಡಿದೆವು.	nāvu avarige hārdika svāgatavannu nīḍidevu.
7. The teacher punished the naughty students.	ತುಂಟ ಹುಡುಗರನ್ನು ಅಧ್ಯಾಪಕರು ಶಿಕ್ಷಿಸಿದರು.	tuṇṭa huḍugarannu adhyāpakaru śikṣisidaru.
8. You witnessed the match.	ನೀನು ಪಂದ್ಯವನ್ನು ನೋಡಿದೆ.	nīnu pandyavannu nōḍide.
9. The children ran and played.	ಹುಡುಗರು ಓಡಿ ಹೋಗಿ ಆಟ ಆಡಿದರು.	huḍugaru ōḍi hōgi āṭa āḍidaru.
10. They laughed at the beggar.	ಅವರು ಬಿಕ್ಷುಕನನ್ನು ನೋಡಿ ನಕ್ಕರು.	avaru bikukanannu nōḍi nakkaru.
11. The girls sang a song.	ಹುಡುಗಿಯರು ಒಂದು ಹಾಡನ್ನು ಹಾಡಿದರು.	huḍugiyaru oṃdu hāḍannu hāḍidaru.
12. The mother told a story of a king.	ಅಮ್ಮ ಒಂದು ರಾಜನ ಕಥೆಯನ್ನು ಹೇಳಿದರು.	amma oṃdu rājana katheyannu hēḷidaru.
13. The baby took a sound sleep.	ಮಗು ಒಳ್ಳೆಯ ನಿದ್ದೆ ಮಾಡಿತು.	magu oḷḷeya nidde māḍitu.

14. Rekha wrote a letter to her best friend.	ರೇಖಾ ತನ– ಹಳೆಯ ಸೆ–ೀಹಿತೆಗೆ ಪತ್ರವನು– ಬರೆದಳು.	rēkhā tanna haḷeya snēhitege patravannu baredaḷu.
15. They ate, drank and became happy.	ಅವರು ತಿಂದು, ಕುಡಿದು ಸಂತೋಷವಾದರು.	avaru tindu, kuḍidu santōṣavādaru.

2. *Present Perfect*

1. I have done my work.	ನಾನು ನನ– ಕೆಲಸವನು– ಮಾಡಿದ್ದೇನೆ.	nānu nanna kelasavannu māḍiddēne.
2. She has seen me in the restaurant.	ಅವಳು ನನ–ನು– ಹೋಟಲಿನಲ್ಲಿ ನೋಡಿದ್ದಾಳೆ.	avaḷu nannannu hōṭalinalli nōḍiddāḷe.
3. You have read this book.	ನೀನು ಈ ಪುಸ್ತಕವನು– ಓದಿದ್ದೀಯ.	nīnu ī pustakavannu ōdiddīya.
4. I have finished my work.	ನಾನು ನನ– ಕೆಲಸವನು– ಮುಗಿಸಿದ್ದೇನೆ.	nānu nanna kelasavannu mugisiddēne.
5. My mother has arrived at home.	ನನ– ಅಮ್ಮ ಮನೆಗೆ ಬಂದಿದ್ದಾರೆ	nanna amma manege bandiddāre
6. Garima has sung a song.	ಗರಿಮಾ ಒಂದು ಹಾಡನು– ಹಾಡಿದಳು.	garimā oṃdu hāḍannu hāḍidaḷu.
7. The students have gone to their home.	ವಿದ್ಯಾರ್ಥಿಗಳೆಲ್ಲಾ ತಮ್ಮ ಮನೆಗೆ ಹೋಗಿದ್ದಾರೆ.	vidyārthigaḷellā tamma manege hōgiddāre.
8. The sweeper has just washed the floor.	ಜವಾನನು ನೆಲವನು– ಈಗಷ್ಟೇ ತೊಳೆದಿದ್ದಾನೆ.	javānanu nelavannu īgaṣṭē toḷediddāne.
9. The phone has stopped ringing.	ದೂರವಾಣಿಯು ಗೆಂಟೆಯ ಶಬ್ದ ಮಾಡುವುದನು– ನಿಲ್ಲಿಸಿದೆ.	dūravāṇiyu geṇṭeya śabda māḍuvudannu nilliside.
10. Someone has broken the clock	ಯಾರೋ ಗಡಿಯಾರವನು– ಹೊಡೆದು ಹಾಕಿದ್ದಾರೆ.	ỵārō gaḍiyāravannu hoḍedu hākiddāre.
11. They have heard the sad news	ಅವರು ದುಃಖದ ಸಮಾಚಾರವನು– ಕೇಳಿದರು.	avaru duḥkhada samācāravannu kēḷidaru.
12. She has made the coffee.	ಅವಳು ಕಾಫಿಯನು– ಮಾಡಿದ್ದಾಳೆ.	avaḷu kāphiyannu māḍiddāḷe.
13. I have paid the bill.	ನಾನು ಬಿಲ್ ಅನು– ಪಾವತಿಸಿದ್ದೇನೆ.	nānu bil annu pāvatisiddēne.
14. Father has planted a tree.	ತಂದೆಯವರು ಒಂದು ಗಿಡವನು– ನೆಟ್ಟಿದ್ದಾರೆ.	tandeyavaru oṃdu giḍavannu neṭṭiddāre.
15. The play has just began.	ಆಟ ಈಗಷ್ಟೇ ಪ್ರಾರಂಭವಾಗಿದೆ.	āṭa īgaṣṭē prārambhavāgide.

3. *Past Perfect*

1. I had already written the letter.	ನಾನು ಪತ್ರವನು– ಈಗಾಗಲೇ ಬರೆದಿದ್ದೇನೆ.	nānu patravannu īgāgalē baredidēne.
2. She had seen this picture before.	ಅವಳು ಈ ಚಿತ್ರವನು– ಇದಕ್ಕಿಂತ ಮುಂಚೆ ನೋಡಿದ್ದಾಳೆ.	avaḷu ī citravannu idakkinta muñce nōḍiddāḷe.
3. Till last evening I had not seen him.	ನಿನೆ– ಸಾಯಿಂಕಾಲದವರೆಗೂ ನಾನು ಅವನನು– ನೋಡಿಲ್ಲ.	ninne sāyiṅkālada varegū nānu avanannu nōḍilla.
4. Anil had gone home before Amit came.	ಅಮಿತ್ ಬರುವುದಕ್ಕಿಂತ ಮುಂಚೆಯೇ ಅನಿಲ್ ಮನೆಗೆ ಹೋಗಿದ್ದ.	amit baruvudakkinta muñceyē anil manege hōgidda.
5. I had finished my breakfast when Rita came.	ರೀಟಾ ಬಂದಾಗ ನಾನು ನನ– ಬೆಳಗಿನ ತಿಂಡಿಯನು– ಮುಗಿಸಿದ್ದೆ.	rīṭā bandāga nānu nanna beḷagina tiṇḍiyannu mugisidde.
6. We had lived in Lajpat Nagar since 1950.	ನಾವು 1950 ರಿಂದ ಲಜಪತ್ ನಗರದಲ್ಲಿ ವಾಸವಾಗಿದ್ದೆವು.	nāvu 1950 rinda lajapat nagaradalli vāsavāgiddevu.
7. I had waited for you for the last five days.	ನಾನು ಕೊನೆಯ ಐದು ದಿನಗಳಿಂದ ನಿನಗಾಗಿ ಕಾಯುತ್ತಿದ್ದೆ.	nānu koneya aidu dinagaḷinda ninagāgi kāyuttidde.
8. We had never seen such a match before.	ನಾವು ಅಂಥಹ ಪಂದ್ಯವನು– ಹಿಂದೆಂದೂ ನೋಡಿರಲಿಲ್ಲ.	nāvu aṃthaha pandyavannu hindendū nōḍiralilla.
9. She had drunk the water.	ಅವಳು ನೀರನು– ಕುಡಿದಿದ್ದಳು.	avaḷu nīrannu kuḍididdaḷu.
10. My sister had passed the degree examination.	ನನ– ಸಹೋದರಿ ಪದವಿ ಪರೀಕ್ಷೆಯನು– ಪಾಸ್ ಮಾಡಿದ್ದಳು.	nanna sahōdari padavi parīkṣeyannu pās māḍiddaḷu.
11. I had come here to meet you.	ನಿಮ್ಮನು– ಭೇಟಿ ಮಾಡಲು ನಾನು ಇಲ್ಲಿಗೆ ಬಂದಿದ್ದೆ.	nimmannu bhēṭi māḍalu nānu illige bandidde.
12. They had not paid the debt.	ಅವರು ಸಾಲವನು– ಹಿಂದಿರುಗಿಸಿರಲಿಲ್ಲ.	avaru sālavannu hindirugisiralilla.
13. We had purhased the shirts.	ನಾವು ಅಂಗಿಗಳನು– ಕೊಂಡುಕೊಂಡಿದ್ದೆವು.	nāvu aṃgigaḷannu koṇḍukoṇḍiddevu.
14. The train had left the platform before we arrived there.	ನಾವು ತಲುಪುವುದರೊಳಗೆ ರೈಲು ಪ್ಲಾಟ್‌ಫಾರ್ಮನು– ಬಿಟ್ಟು ಹೊರಟಿತ್ತು.	nāvu talupuvudaroḷage railu plāṭphārmannu biṭṭu horaṭittu.
15. He had seen this film.	ಅವನು ಈ ಚಿತ್ರವನು– ನೋಡಿದ್ದನು.	avanu ī citravannu nōḍiddanu.

26TH STEP 26 ನೆಯ ಹಂತ

PAST TENSE (2)

ಭೂತ ಕಾಲ (2)

4. ***Doubtful Past***

1. Yashodhara might have come.	ಯಶೋಧರ ಬಂದಿರಬಹುದು.	yaśōdhara bandira bahudu.
2. You might have heard the name of Tagore.	ನೀವು ಟಾಕೂರರ ಹೆಸರನು– ಕೇಳಿರಬಹುದು.	nīvu ṭākūrara hesarannu kēḷirabahudu.
3. She might have forgotten the past.	ಅವಳು ಹಿಂದಿನದನು– ಮರೆತಿರಬಹುದು.	avaḷu hindinadannu maretirabahudu.
4. They might have slept.	ಅವರು ನಿದ್ದೆ ಮಾಡಿರಬಹುದು.	avaru nidde māḍirabahudu.
5. They might have paid her the old dues.	ಅವರು ಹಳೆಯ ಬಾಕಿಗಳನು– ಅವಳಿಗೆ ಹಿಂತಿರುಗಿಸಿರಬಹುದು	avaru haḷeya bākigaḷannu avaḷige hintirugisirabahudu
6. He might have thought that I would be there still.	ನಾನು ಇನೂ– ಅಲ್ಲೇ ಇದ್ದೇನೆ ಎಂದು ಅವನು ತಿಳಿದು ಕೊಂಡಿರಬಹುದು.	nānu innū allē iddēne eṃdu avanu tiḷidu koṇḍirabahudu.
7. Mr.Malik might have written the letter.	ಶ್ರೀ ಮಾಲಿಕ್ ಎಂಬವರು ಪತ್ರವನು– ಬರೆದಿರಬಹುದು.	śrī mālik eṃbavama patravannu baredirabahudu.
8. The institution might have invited the Mayor.	ಮೇಯರ್ ಅವರನು– ಸಂಸ್ಥೆಯು ಆಹ್ವಾನಿಸಿರಬಹುದು.	mēyar avarannu saṃsethiyu āhvānisirabahudu.
9. They might have laughed when she begged.	ಅವಳು ಬಿಕ್ಷೆ ಬೇಡುವಾಗ ಅವರು ನಕ್ಕಿರಬಹುದು.	avaḷu bikṣe bēḍuvāga avaru nakkirabahudu.
10. They might have accepted it.	ಅವರು ಅದನು– ಒಪ್ಪಿಕೊಂಡಿರಬಹುದು.	avaru adannu oppikoṇḍirabahudu.
11. She might have done her duty.	ಅವಳು ತನ– ಕರ್ತವ್ಯವನು– ಮಾಡಿರಬಹುದು.	avaḷu tanna kartavyavannu māḍirabahudu.

12. The author might have written his autobiography.	ಲೇಖಕರು ತಮ್ಮ ಆತ್ಮಕಥನವನು– ಬರೆದಿರಬಹುದು.	lēkhakaru tamma ātmakathanavannu baredirabahudu.

5. *Past Imperfect*

1. I was writing a letter when he entered the room.	ಅವನು ಕೋಣೆಯೊಳಗೆ ಪ್ರವೇಶಿಸಿದಾಗ ನಾನು ಪತ್ರವನು– ಬರೆಯುತ್ತಿದ್ದೆ	avanu kōṇeyoḷage pravēśisidāga nānu patravannu bareyuttidde
2. I was riding to school yesterday.	ನಾನು ನಿನೆ– ಶಾಲೆಗೆ ಸವಾರಿ ಹೋಗುತ್ತಿದ್ದೆ.	nānu ninne śālege savāri hōguttide.
3. It was raining when I went out.	ನಾನು ನಿನೆ– ಹೊರಗಡೆ ಹೋದಾಗ ಮಳೆ ಬೀಳುತ್ತಿತ್ತು.	nānu ninne horagaḍe hōdāga maḷe b ī ḷuttittu.
4. While I was talking to her I heard a shout.	ನಾನು ಅವಳೊಂದಿಗೆ ಮಾತನಾಡುತ್ತಿರುವಾಗ ಕಿರುಚಾಡುವ ಶಬ್ದವನು– ಕೇಳಿದೆ.	nānu avaḷondige mātanāḍuttiruvāga kirucāḍuva śabdavannu keḷide
5. He was writing an essay in Hindi.	ಅವರು ಹಿಂದಿಯಲ್ಲಿ ಪ್ರಬಂದವನು– ಬರೆಯುತ್ತಿದ್ದರು.	avaru hindiyalli prabandavannu bareyuttiddaru.
6. When they were sleeping the dogs were keeping watch.	ಅವರು ನಿದ್ದೆ ಮಾಡುತ್ತಿರವಾಗ ನಾಯಿಗಳು ಕಾವಲು ಕಾಯುತ್ತಿದ್ದವು.	avaru nidde māḍuttiravāga nāyigaḷu kāvalu kāyuttiddavu.
7. We were playing tennis when your brother came.	ನಿಮ್ಮ ಸಹೋದರ ಬಂದಾಗ ನಾವು ಟೆನಿ–ಸ್ ಆಟವನು– ಆಡುತ್ತಿದ್ದೆವು.	nimma sahōdara bandāga nāvu ṭennis āṭavannu āḍuttiddevu.
8. Reena was trying hard to hide her desire.	ರೀನಾ ತನ– ಮನದಾಸೆಯನು– ಮುಚ್ಚಿಡಲು ಕಷ್ಟಪಡುತ್ತಿದ್ದಳು.	r ī nā tanna manadāseyannu muciḍalu kaṣṭapaḍuttiddaḷu.
9. They were talking too loudly in the meeting.	ಅವರು ಸಭೆಯಲ್ಲಿ ತುಂಬಾ ಗಟ್ಟಿಯಾಗಿ ಮಾತನಾಡುತ್ತಿದ್ದರು.	avaru sabheyalli tumbā gaṭṭiyāgi mātanāḍuttiddaru.
10. Asha was studying with me in school.	ಆಷಾ ನನೊ–ಂದಿಗೆ ಶಾಲೆಯಲ್ಲಿ ಓದುತ್ತಿದ್ದಳು.	āṣā nannondige śāleyalli ōduttiddaḷu.

11. We were living in Pune two years ago.	ನಾವು ಎರಡು ವರ್ಷದ ಹಿಂದೆ ಪೂನಾದಲ್ಲಿದ್ದೆವು.	nāvu eraḍu varṣada hinde pūnādalliddevu.
12. Formerly this cow was giving ten litres of milk.	ಈ ಹಸು ಮೊದಲು ಹತ್ತು ಲೀಟರ್ ಹಾಲನು– ಕೊಡುತ್ತಿತ್ತು.	ī hasu vodama 10 līṭar hālannu koḍuttittu.
13. In the last world war, the Germans were fighting bravely.	ಪ್ರಪಂಚದ ಕೊನೆಯ ಮಹಾಯುದ್ಧದಲ್ಲಿ ಜರ್ಮನರು ವೀರತ್ವದಿಂದ ಹೋರಾಡಿದರು.	prapañcada koneya mahāyuddhadalli jarmanaru vīratvadinda hōrāḍidaru.
14. At that time, I was residing in Delhi.	ಆ ಸಮಯದಲ್ಲಿ ನಾನು ದೆಹಲಿಯಲ್ಲಿ ವಾಸಿಸುತ್ತಿದ್ದೆ.	ā samayadalli nānu dehaliyalli vāsimattidde.
15. I used to go daily to the temple.	ನಾನು ಪ್ರತನಿತ್ಯವೂ ದೇವಸ್ಥಾನಕ್ಕೆ ಹೋಗುತ್ತಿದ್ದೆ.	nānu pratanityavū dēvasāthinakke hōguttidde.
16. Before 1947 we were living in West Panjab.	1947ಕ್ಕಿಂತ ಮುಂಚೆ ನಾವು ಪಶ್ಚಿಮ ಪಂಜಾಬ್‌ನಲ್ಲಿದ್ದೆವು.	1947 kkinta muñce nāvu paścima pañjābnalliddevu.
17. When I was seven years old, I was going to school all alone.	ನಾನು ಏಳು ವರ್ಷದವನಿರುವಾಗ ನಾನೊಬ್ಬನೇ ಶಾಲೆಗೆ ಹೋಗುತ್ತಿದ್ದೆ.	nānu ēḷu varṣadavaniruvāga nānobbanē śālege hōguttidde.
18. When I was young, my grand mother used to tell me the story.	ಬಾಲ್ಯದಲ್ಲಿರುವಾಗ ನನ– ಅಜ್ಜಿಯವರು ನನಗೆ ಕಥೆಯನು– ಹೇಳುತ್ತಿದ್ದರು.	bālyadalliruvāga nanna ajjiyavaru nanage katheyannu hēḷuttiddaru.
19. In his seventies he used to walk very fast.	ಅವರು 70ರ ವಯಸ್ಸಿನಲ್ಲೂ ತುಂಬಾ ವೇಗವಾಗಿ ನಡೆಯುತ್ತಿದ್ದರು.	avaru 70ra vayassinallū tumbā vēgavāgi naḍeyuttiddaru.

6. *Past Conditional*

1. If you had worked hard, you would have passed.	ನೀನು ಕಷ್ಟಪಟ್ಟಿದ್ದರೆ ಉತ್ತೀರ್ಣನಾಗುತ್ತಿದ್ದೆ.	nīnu kaṣṭapaṭṭiddare uttīrṇanāguttidde.
2. Had you been honest you would have been happier.	ನೀನು ಪ್ರಾಮಾಣಿಕವಾಗಿದಿದ್ದರೆ ಸಂತೋಷವಾಗಿರುತ್ತಿದ್ದೆ.	nīnu prāmāṇika vāgididdare santōṣavāgimattidde.
3. If she had been clever she would have not done that.	ಅವಳು ಬುದ್ಧಿವಂತಳಾಗಿದ್ದಿದ್ದರೆ ಈ ರೀತಿ ಮಾಡುತ್ತಿರಲಿಲ್ಲ.	avaḷu buddhi vantaḷāgiddiddare ī rīti māḍuttiralilla.
4. Had you sung, we would have enjoyed.	ನೀನು ಹಾಡಿದಿದ್ದರೆ ನಾವು ಆನಂದಪಡುತ್ತಿದ್ದೆವು.	nīnu hāḍididdare nāvu ānandapaḍuttiddevu.
5. If she had reached I would have gone.	ಅವಳು ತಲುಪಿದ್ದರೆ ನಾನು ಹೋಗುತ್ತಿದ್ದೆ.	avaḷu talupiddare nānu hōguttidde.
6. Had you came I would have played.	ನೀನು ಬಂದಿದ್ದರೆ ನಾನು ಆಟವಾಡುತ್ತಿದ್ದೆ.	nīnu bandiddare nānu āṭavāvaduttidde.
7. If you had written to me I would have replied to you.	ನೀನು ನನಗೆ ಪತ್ರ ಬರೆದಿದ್ದರೆ ನಾನು ನಿನಗೆ ಮರು ಉತ್ತರ ಕೊಡುತ್ತಿದ್ದೆ.	nīnu nanage patra barediddare nānu ninage maru uttara koḍuttidde.
8. Had you asked me I would have stayed.	ನೀನು ನನ–ನು– ಕೇಳಿದ್ದರೆ ನಾನು ಹಿಂದಕ್ಕೆ ಉಳಿಯುತ್ತಿದ್ದೆ.	nīnu nannannu kēḷiddare nānu hindakke uḷiyuttidde.
9. If she had told me earlier I would have not done so.	ಅವಳು ನನಗೆ ಮೊದಲೇ ಹೇಳಿದ್ದರೆ ನಾನು ಹಾಗೆ ಮಾಡುತ್ತಿರಲಿಲ್ಲ.	avaḷu nanage modalē hēḷiddare nānu hāge māḍuttiralilla.
10. Had you invited her she would have come.	ನೀನು ಅವರನು– ಆಹ್ವಾನಿಸಿದ್ದರೆ ಅವರು ಬರುತ್ತಿದ್ದರು.	nīnu avarannu āhvānisiddare avaru baruttiddaru.
11. If Radha had wings she would have flown over to Krishna.	ರಾಧೆಗೆ ರೆಕ್ಕೆಗಳಿದ್ದಿದ್ದರೆ ಅವಳು ಕೃಷ್ಣನ ಬಳಿಗೆ ಹಾರುತ್ತಿದ್ದಳು.	rādhege rekkegaḷiddi ddare avaḷu kṛṣṭana baḷige hāruttiddaḷu.
12. If she had liked the camera she would have bought it.	ಅವಳಿಗೆ ಕ್ಯಾಮರ ಇಷ್ಟವಾಗಿದ್ದರೆ ಅವಳು ಅದನು– ಕೊಂಡುಕೊಳ್ಳುತ್ತಿದ್ದಳು	avaḷige kyāmara iṣṭavāgiddare avaḷu adannu koṇḍu koḷḷuttiddaḷu

27TH STEP 27 ನೆಯ ಹಂತ

INTERROGATIVE SENTENCES (1)

ಪ್ರಶ್ನಾರ್ಥಕ ವಾಕ್ಯಗಳು (1)

Interrogative Sentences with

(1) IS ARE AM WAS WERE

1. Is Hindi difficult?	ಹಿಂದಿ ಭಾಷೆ ಕಷ್ಟವೇ ?	hindi bhāṣe kaṣṭavē ?
2. Is it cold today?	ಈ ದಿನ ತಣ್ಣಗಿದೆಯೇ ?	ī dina taṇṇagideyē ?
3. Is your name Narendra Kumar?	ನಿನ್ನ ಹೆಸರು ನರೇಂದ್ರಕುಮಾರನೇ?	ninna hesaru narēndrakumāranē ?
4. Are you afraid of ghosts?	ದೆವ್ವವೆಂದರೆ ನಿನಗೆ ಭಯವೇ?	devvavendare ninage bhayavē?
5. Are you feeling well?	ನೀನು ಚೆನ್ನಾಗಿದ್ದೀಯೇ ?	nīnu cennāgiddiyē ?
6. Are you Mr.Amitabh?	ನೀವು ಶ್ರೀ ಅಮಿತಾಬ್ ಎಂಬುವವರೆ?	nīvu śrī amitāb embuvavare?
7. Am I afraid of you?	ನಾನು ನಿನಗೆ ಭಯಪಡುತ್ತೇನೆಯೆ?	nānu ninage bhayapaḍuttēneye ?
8. Am I a fool?	ನಾನು ಮೂರ್ಖನೇ ?	nānu mūrkhanē ?
9. Am I your servant?	ನಾನು ನಿಮ್ಮ ಜವಾನನೇ?	nānu nimma javānanē?
10. Was she frightened?	ಅವಳು ಹೆದರಿದಳೇ ?	avaḷu hedaridaḷē ?
11. Was he a stranger here?	ಅವನು ಇಲ್ಲಿಗೆ ಅಪರಿಚಿತ ವ್ಯಕ್ತಿಯೇ?	avanu illige aparicita vyaktiyē?
12. Was the moon shining?	ಚಂದ್ರನು ಪ್ರಕಾಶವಾಗಿ ಬೆಳಗುತ್ತಿದ್ದನೆ?	candranu prakāśa vāgi beḷaguttiddane?
13. Were the boys playing football?	ಹುಡುಗರು ಫುಡ್‌ಬಾಲ್ ಆಡುತ್ತಿದ್ದರೆ ?	huḍugaru phuḍbāl āḍuttiddare ?
14. Were you enjoing yourself in Simla?	ಶಿಮ್ಲಾದಲ್ಲಿ ನೀನು ಸುಖವಾಗಿದ್ದೆಯಾ ?	śimlādalli nīnu sukhavāgiddeyā ?

15. Were you not happy with your collegues?	ಸಹೋದ್ಯೋಗಿಗಳೊಂದಿಗೆ ನೀನು ಖುಷಿಯಾಗಿರಲಿಲ್ಲವೇ?	sahōdyōgigaḷondige nīnu khuṣiyāgiralillavē?

(2) DO, DOES, DID

16. Do we shirk work?	ನಾವು ಕೆಲಸದಿಂದ ತಪ್ಪಿಸಿಕೋಬೇಕೆ?	nāvu kelasadinda tappisikōbēke?
17. Do you smoke?	ನೀವು ಧೂಮಪಾನ ಮಾಡುತ್ತೀರಾ?	nīvu dhūmapāna māḍuttīrā?
18. Do you always speak the truth?	ನೀವು ಯಾವಾಗಲೂ ನಿಜವನ್ನೇ ಹೇಳುತ್ತೀರಾ ?	nīvu yāvāgalū nijavannē hēḷuttīrā ?
19. Does she like to dress well?	ಅವಳು ಚೆನ್ನಾಗಿ ಅಲಂಕರಿಸಿಕೊಳ್ಳಲು ಇಷ್ಟಪಡುವಳೇ?	avaḷu cennāgi alaṅkarisikoḷḷalu iṣṭapaḍuvaḷē?
20. Does he play games?	ಅವನು ಆಟಗಳನ್ನು ಆಡುತ್ತಾನೆಯೇ?	avanu āṭagaḷannu āḍuttāneyē ?
21. Does she like her neighbour?	ಅವಳು ಪಕ್ಕದ ಮನೆಯವರನ್ನು ಇಷ್ಟಪಡುತ್ತಾಳೆಯೇ?	avaḷu pakkada maneyavarannu iṣṭapaḍuttāḷeyē?
22. Did Anupam eat all the apples?	ಅನುಪಮನು ಎಲ್ಲಾ ಸೇಬಿನಹಣ್ಣುಗಳನ್ನು ತಿಂದನೇ?	anupamanu ellā sēbinahaṇṇugaḷannu tindanē?
23. Did you build it?	ನೀನು ಅದನ್ನು ನಿರ್ಮಿಸಿದೆಯಾ?	nīnu adannu nirmisideyā?
24. Did you ring the bell?	ನೀನು ಗಂಟೆಯನ್ನು ಬಾರಿಸಿದೆಯಾ?	nīnu ganṭeyannu bārisideyā?

(3) HAS, HAVE, HAD

25. Has he written to father?	ಅವನು ತಂದೆಯವರಿಗೆ ಪತ್ರವನ್ನು ಬರೆದನೇ?	avanu tandeyavarige patravannu baredanē?
26. Has her temperature gone down?	ಅವಳಿಗೆ ಜ್ವರ ಕಡಿಮೆಯಾಯಿತೆ ?	avaḷige jvara kaḍimeyāyite ?
27. Has Anurag missed the train?	ಅನುರಾಗನಿಗೆ ರೈಲು ತಪ್ಪಿತೆ ?	anurāganige railu tappite?
28. Have you spent all your money?	ನೀವು ನಿಮ್ಮೆಲ್ಲಾ ಹಣವನ್ನು ಖರ್ಚುಮಾಡಿಬಿಟ್ಟಿರಾ?	nīvu nimmellā haṇavannu kharcumāḍibiṭṭirā?

29. Have you ever driven any car?	ನೀವು ಯಾವಾಗಲಾದರೂ ಯಾವುದಾದರೂ ಕಾರನ್ನು ಚಲಿಸಿದ್ದೀರಾ ?	nīvu yāvāgalādarū yāvudādarū kārannu calisiddīrā ?
30. Have you found my handkerchief?	ನನ್ನ ಕರವಸ್ತ್ರವು ನಿಮಗೆ ಸಿಕ್ಕಿತೇ?	nanna karavastravu nimage sikkitē?
31. Had the postman delivered any letter?	ಅಂಚೆಯವನು ಯಾವುದಾದರೂ ಪತ್ರವನ್ನು ಕೊಟ್ಟಿದ್ದಾನೆಯೇ?	aṃceyavanu yāvudādarū patravannu koṭṭiddāneyē?
32. Had you finished your work?	ನೀವು ನಿಮ್ಮ ಕೆಲಸವನ್ನು ಮಾಡಿದಿರಾ?	nīvu nimma kelasavamna māḍidirā?
33. Had you ever been to Bombay?	ನೀವು ಯಾವಾಗಾದರೂ ಮುಂಬೈಗೆ ಹೋಗಿದ್ದೀರಾ?	nīvu yāvāgādarū mumbaige hōgiddīrā?

(4) WILL, SHALL, WOULD, SHOULD

34. Will they attend the meeting in time?	ಅವರು ಹೊತ್ತಿಗೆ ಸರಿಯಾಗಿ ಸಭೆ ಸೇರುತ್ತಾರೆಯೇ ?	avaru hottige sariyāgi sabhe sēruttāreyē ?
35. Will you meet her at the station?	ಅವಳನ್ನು ನೀನು ನಿಲ್ದಾಣದಲ್ಲಿ ನೋಡುತ್ತೀಯಾ?	avaḷannu nīnu nildāṇadalli nōḍuttīyā?
36. Shall I not apologize for my mistake?	ನಾನು ಮಾಡಿದ ತಪ್ಪಿಗೆ ಕ್ಷಮೆ ಕೇಳಲೇ?	nānu māḍida tappige kṣame kēḷalē?
37. Shall we call on her?	ನಾವು ಅವಳನ್ನು ಕರೆಯೋಣವೇ?	nāvu avaḷannu kareyōṇavē?
38. Would he give me some rupees if I needed ?	ನನಗೆ ಬೇಕಿದ್ದಲ್ಲಿ ಅವರು ಸ್ವಲ್ಪ ಹಣವನ್ನು ಕೊಡುತ್ತಾರೆಯೇ?	nanage bēkiddalli avaru svalpa haṇavamna koḍuttāreyē?
39. Would you tell me the correct answer if I am wrong ?	ನಾನು ತಪ್ಪಾಗಿ ತಿಳಿದುಕೊಂಡಿದ್ದರೆ ನೀನು ಸರಿಯಾದ ಉತ್ತರವನ್ನು ಹೇಳುತ್ತೀಯಾ?	nānu tappāgi tiḷidu koṇḍiddare nīnu sariyāda uttaravamna hēḷuttīyā?
40. Should I not disturb you?	ನಾನು ನಿಮ್ಮನ್ನು ತೊಂದರೆ ಮಾಡಬಾರದೇ?	nānu nimmannu tondare māḍabāradē?
41. Should we forget the noble acts of others?	ನಾವು ಬೇರೆಯವರ ಆದರ್ಶವಾದ ಕಾರ್ಯಗಳನ್ನು ಮರೆಯಬೇಕೆ?	nāvu bēreyavara ādarśavāda kāryagaḷannu mareyabēke?

(5) CAN, COULD, MAY

42. Can you solve this riddle?	ನೀನು ಈ ಒಗಟನು– ಬಿಡಸಬಲ್ಲೆಯಾ?	nīnu ī ogaṭannu biḍasaballeyā?
43. Can you jump over this fence?	ಈ ಬೇಲಿಯ ಮೇಲೆ ನೀನು ಹಾರಬಲ್ಲೆಯಾ?	ī bēliya mēle nīnu hāraballeyā?
44. Could he come in time?	ಅವನಿಗೆ ಸಮಯಕ್ಕೆ ಸರಿಯಾಗಿ ಬರಲಿಕ್ಕಾಯಿತೇ?	avanige samayakke sariyāgi baralikkāyitē?
45. Could we do this job alone?	ಈ ಕೆಲಸವನು– ನಾವು ಮಾತ್ರ ಮಾಡಲಾಗುವುದೇ?	ī kelasavannu nāvu mātra māḍalāguvudē?
46. May I come in, Sir?	ನಾನು ಒಳಗೆ ಬರಬಹುದೇ ಸ್ವಾಮಿ?	nānu oḷage barabahudē svāmi?
47. May I accompany you, Madam?	ಶ್ರೀಮತಿಯವರೇ ನಾನು ನಿಮ್ಮೊಂದಿಗೆ ಬರಬಹುದೇ?	śrīmatiyavarē nānu nivmondige barabahudē?
48. May I have your attention?	ನಿಮ್ಮ ಗಮನ ನನ– ಕಡೆ ಇದೆಯೇ?	nimma gamana nanna kaḍe ideyē?

28TH STEP 28 ನೆಯ ಹಂತ

INTERROGATIVE SENTENCES (2)

ಪ್ರಶ್ನಾರ್ಥಕ ವಾಕ್ಯಗಳು (2)

Interrogative Sentences With

(1) WHAT WHEN WHERE WHY

1. What is your name?	ನಿಮ್ಮ ಹೆಸರೇನು ?	nimma hesarēnu ?
2. What is your age?	ನಿಮ್ಮ ವಯಸ್ಸೇನು ?	nimma vayassēnu ?
3. What does this mean?	ಹೀಗೆಂದರೆ ಏನು?	hīgendare ēnu?
4. What do you want?	ನಿಮಗೆ ಏನು ಬೇಕು?	nimage ēnu bēku?
5. What did you pay?	ನೀವು ಏನನ್ನು ಪಾವತಿಸಿದಿರಿ?	nīvu ēnannu pāvatisidiri?
6. What will you take?	ನೀವು ಏನನ್ನು ತೆಗೆದುಕೊಳ್ಳುತ್ತೀರಾ?	nīvu ēnannu tegedukoḷḷuttīrā?
7. What is the time now?	ಈಗ ಗಂಟೆ ಎಷ್ಟು ?	īga gaṇṭe eṣṭu ?
8. What colour do you like?	ನಿಮಗೆ ಯಾವ ಬಣ್ಣ ಇಷ್ಟಪಡುತ್ತೀರಿ?	nimage yāva baṇṇa iṣṭapaḍuttīri?
9. What wages do you want?	ನಿಮಗೆಷ್ಟು ಕೂಲಿ ಬೇಕು?	nimageṣṭu kūli bēku?
10. What is your hobby?	ನಿಮ್ಮ ಹವ್ಯಾಸವೇನು?	nimma havyāsavēnu?
11. When do you get up in the morning?	ನೀವು ಬೆಳಗಿನ ವೇಳೆ ಎಷ್ಟು ಗಂಟೆಗೆ ಎದ್ದೇಳುತ್ತೀರಿ?	nīvu beḷagina vēḷe eṣṭu gaṇṭege eddēḷuttīri?
12. When did you hear this news?	ಈ ಸುದ್ದಿಯನ್ನು ನೀವು ಯಾವಾಗ ಕೇಳಿದಿರಿ?	ī suddiyannu nīvu yāvāga kēḷidiri?
13. When shall we return?	ನಾವು ಯಾವಾಗ ಹಿಂದಿರುಗುತ್ತೇವೆ?	nāvu yāvāga hindiruguttēve?
14. When will you finish your work	ನೀವು ಯಾವಾಗ ನಿಮ್ಮ ಕೆಲಸವನ್ನು ಮುಗಿಸುತ್ತೀರಿ?	nīvu yāvāga nimma kelasavannu mugisuttīri?

15. When did she tell you her story?	ಅವಳು ನಿಮಗೆ ಯಾವಾಗ ಕಥೆಯನ್ನು ಹೇಳಿದಳು?	avaḷu nimage yāvāga katheyannu hēḷidaḷu?
16. When will they meet again?	ಮತ್ತೆ ಅವರು ಯಾವಾಗ ಭೇಟಿಯಾಗುತ್ತಾರೆ?	matte avaru yāvāga bhēṭiyāguttāre?
17. When was your car stolen?	ನಿಮ್ಮ ಕಾರು ಯಾವಾಗ ಕಳಿದುಹೋಯಿತು?	nimma kāru yāvāga kaḷeduhōyitu?
18. When do you wear your new clothes?	ನೀವು ಯಾವಾಗ ಹೊಸ ಉಡುಪುಗಳನ್ನು ಧರಿಸುತ್ತೀರಿ?	nīvu yāvāga hosa uḍupugaḷannu dharisuttīri?
19. When do we have to leave this station?	ನಾವು ಯಾವಾಗ ಈ ನಿಲ್ದಾಣವನ್ನು ಬಿಟ್ಟು ಹೊರಡಬೇಕು?	nāvu yāvāga ī nildāṇavannu biṭṭu horaḍabēku?
20. At what time do you sleep at night?	ರಾತ್ರಿ ನೀವು ಯಾವಾಗ ಮಲಗುತ್ತೀರಿ ?	rātri nīvu yāvāga malagutteeri?
21. Where is your purse?	ನಿಮ್ಮ ಹಣದ ಕೈಚೀಲವೆಲ್ಲಿ?	nimma haṇada kaicīlavelli?
22. Where are you going?	ನೀವು ಎಲ್ಲಿ ಹೋಗುತ್ತಿದ್ದೀರಿ?	nīvu elli hōguttiddīri?
23. Where do they live?	ಅವರು ಎಲ್ಲಿ ವಾಸವಾಗಿದ್ದಾರೆ?	avarelli vāsavāgiddāre?
24. Where does this path lead do?	ಈ ದಾರಿಯು ಎಲ್ಲಿಗೆ ಹೋಗುತ್ತದೆ?	ī dāriyu ellige hōguttade?
25. Where have you come from?	ನೀವು ಎಲ್ಲಿಂದ ಬಂದಿದ್ದೀರ?	nīvu ellinda bandiddīra?
26. Where can we obtain books?	ನಾವು ಪುಸ್ತಕಗಳನ್ನು ಎಲ್ಲಿ ಪಡೆಯಬಹುದು?	nāvu pustakagaḷannu elli paḍeyabahudu?
27. Where was your watch made?	ನಿಮ್ಮ ಕೈಗಡಿಯಾರವನ್ನು ಎಲ್ಲಿ ಮಾಡಲ್ಪಟ್ಟಿದೆ?	nimma kaigaḍiyāravannu elli māḍalpaṭṭide?
28. Where do you buy tea?	ನೀವು ಟೀಯನ್ನು ಎಲ್ಲಿ ಕೊಳ್ಳುತ್ತೀರಿ?	nīvu ṭīyannu elli koḷḷuttīri?
29. Where can I get down?	ನಾನು ಎಲ್ಲಿ ಇಳಿಯಬೇಕು?	nānu elli iḷiyabēku?
30. Where shall we go now?	ನಾವು ಈಗ ಎಲ್ಲಿ ಹೋಗೋಣ?	nāvu īga elli hōgōṇa?
31. Why does he not apply for this post?	ಅವನು ಈ ಹುದ್ದೆಗೆ ಏಕೆ ಅರ್ಜಿಯನ್ನು ಸಲ್ಲಿಸಲಿಲ್ಲ?	avanu ī huddege ēke arjiyannu sallisalilla?

32. Why did you not come early?	ನೀವೇಕೆ ಬೇಗ ಬರಲಿಲ್ಲ?	nīvēke bēga baralilla?
33. Why did she abuse me?	ಅವಳು ನನ–ನು– ಏಕೆ ನಿಂದಿಸಿದಳು?	avaḷu nannannu ēke nindisidaḷu?
34. Why do you drink so much?	ನೀವು ಏಕೆ ಅಷ್ಟೊಂದು ಕುಡಿಯುತ್ತೀರಿ?	nīvu ēke aṣṭondu kuḍiyuttīri?
35. Why do you not solve my queries?	ನೀವೇಕೆ ನನ– ಪ್ರಶೆ–ಗಳನು– ಬಿಡಿಸುತ್ತಿಲ್ಲ?	nīvēke nanna praśnegaḷannu biḍisuttilla?
36. Why are you so sad today?	ನೀವೇಕೆ ಈ ದಿನ ಅಷ್ಟೊಂದು ದುಃಖಿತರಾಗಿದ್ದೀರಾ?	nīvēke ī dina aṣṭondu dukkhitarāgiddīrā?
37. Why was your mother angry with you?	ನಿಮ್ಮ ತಾಯಿಯವರು ನಿಮ್ಮೊಂದಿಗೆ ಏಕೆ ಸಿಟ್ಟಾಗಿದ್ದರು?	nimma tāyiyavaru nimmondige ēke siṭṭāgiddaru?
38. Why do some people travel abroad?	ಕೆಲವರು ವಿದೇಶಗಳಿಗೆ ಪ್ರಯಾಣಮಾಡುತ್ತಾರೆ ಏಕೆ?	kelavaru vidēśa gaḷige prayāṇa māḍuttāre ēke?

(2) WHO WHOM WHOSE

41. Who is that fellow?	ಅವನು ಯಾರು?	avanu yāru?
42. Who lives in this house?	ಈ ಮನೆಯಲ್ಲಿ ಯಾರು ವಾಸವಾಗಿದ್ದಾರೆ?	ī maneyalli yāru vāsavāgiddāre?
43. Who sang this song?	ಈ ಹಾಡನು– ಯಾರು ಹಾಡಿದರು?	ī hāḍannu yāru hāḍidaru?
44. Who repairs the watches?	ಕೈಗಡಿಯಾರಗಳನು– ಯಾರು ಸರಿಮಾಡುತ್ತಾರೆ?	kaigaḍiyāragaḷannu yāru sarimāḍuttāre?
45. Who controlled the traffic?	ವಾಹನ ಸಂಚಾರವನು– ಯಾರು ನಿಯಂತ್ರಿಸಿದರು?	vāhana sañcāravannu yāru niyantrisidaru?
46. Whom do you want?	ನಿಮಗೆ ಯಾರು ಬೇಕು?	nimage yāru bēku?
47. By whom are you employed?	ನೀವು ಯಾರಿಂದ ಕೆಲಸಕ್ಕೆ ನೇಮಿಸಲ್ಪಟ್ಟಿರುವಿರಿ?	nīvu yārinda kelasa kke nēmisal paṭṭiruviri?
48. Whom had you promised?	ನೀವು ಯಾರನು– ಪ್ರಮಾಣೀಕರಿಸಿದ್ದಿರಿ?	nīvu yārannu pramāṇīkarisiddiri?
49. Whose house is that?	ಅದು ಯಾರ ಮನೆ?	adu yāra mane?
50. In whose employment are our teachers?	ನಮ್ಮ ಅಧ್ಯಾಪಕರು ಯಾರ ನೇಮಕದಲ್ಲಿದ್ದಾರೆ?	namma adhyāpakaru yāra nēmakadalliddāre?

29TH STEP 29 ನೆಯ ಹಂತ

INTERROGATIVE SENTENCES (3)

ಪ್ರಶ್ನಾತ್ಮಕ ವಾಕ್ಯಗಳು (3)

Interrogative Sentences with

(1) HOW HOW LONG HOW MANY HOW MUCH

1. How do you do?	ನೀವು ಹೇಗಿದ್ದೀರಿ?	nīvu hēgiddīri?
2. How do you feel now?	ಈಗ ನಿಮಗೆ ಹೇಗನಿಸುತ್ತಿದೆ?	īga nimage hēganisuttide?
3. How did you come to know the truth?	ನಿಮಗೆ ನಿಜ ಹೇಗೆ ತಿಳಿಯಿತು?	nimage nija hēge tiḷiyitu?
4. How are you?	ನೀವು ಹೇಗಿದ್ದೀರಿ?	nīvu hēgiddīri?
5. How old are you?	ನಿಮಗೆ ವಯಸ್ಸೆಷ್ಟು?	nimage vayassemṭa?
6. How is it possible?	ಇದು ಹೇಗೆ ಸಾಧ್ಯ?	idu hēge sādhya?
7. How old is your son?	ನಿಮ್ಮ ಮಗನ ವಯಸ್ಸೆಷ್ಟು?	nimma magana vayasseṭu?
8. How do you manage it?	ನೀವು ಹೇಗೆ ಅದನು– ನಿರ್ವಹಿಸುತ್ತಿದ್ದೀರಿ?	nīvu adannu hēge nirvahimattiddīri?
9. How long have you been in India?	ನೀವು ಎಷ್ಟು ವರ್ಷಗಳಿಂದ ಭಾರತದಲ್ಲಿದ್ದೀರಿ?	nīvu eṣṭu varṣagaḷinda bhāratadalliddīri?
10, How long has your mother been sick?	ನಿಮ್ಮ ತಾಯಿಯವರಿಗೆ ಎಷ್ಟು ದಿನಗಳಿಂದ ಆರೋಗ್ಯ ಸರಿಯಿಲ್ಲ?	nimma tāyiyavarige eṣṭu dinagaḷinda ārōgya sariyilla?
11. How long do they want the rooms for?	ಅವರಿಗೆ ಎಷ್ಟು ದಿನಗಳವರೆಗೂ ಕೋಣೆಗಳು ಬೇಕಾಗಿವೆ ?	avarige eṣṭu dinagaḷavaregū kōṇegaḷu bēkāgive ?
12. How long is the post-office from your residence?	ಅಂಚೆ ಕಛೇರಿಯು ನಿಮ್ಮ ಮನೆಯಿಂದ ಎಷ್ಟು ದೂರವಿದೆ?	aṃce kachēriyu nimma maneyinda eṣṭu dūravide?

13. How long is this room?	ಈ ಕೋಣೆಯು ಎಷ್ಟು ದೂರ ಇದೆ?	ī kōṇeyu eṣṭu dūra ide?
14. How long is the capital from here?	ಇಲ್ಲಿಂದ ರಾಜಧಾನಿಯು ಎಷ್ಟು ದೂರ?	illinda rājadhāniyu eṣṭu dūra?
15. How many family members have you?	ನಿಮ್ಮ ಕುಟುಂಬದಲ್ಲಿ ಎಷ್ಟು ಮಂದಿ?	nimma kuṭumbadalli eṣṭu mandi?
16. How many brothers and sisters have you?	ನೀವು ಸೋದರ ಸೋದರಿಯರು ಎಷ್ಟು ಮಂದಿ?	nīvu sōdara sōdariyaru eṣṭu mandi?
17. How many seats are there in the bus?	ಬಸ್ಸಿನಲ್ಲಿ ಎಷ್ಟು ಸೀಟುಗಳಿವೆ?	bassinalli eṣṭu sīṭugaḷive?
18. How much money is to be paid?	ಎಷ್ಟು ಹಣವನು– ಕಟ್ಟಬೇಕಾಗಿದೆ?	eṣṭu haṇavannu kaṭṭabēkāgide?
19. How much do you charge per head?	ಒಬ್ಬರಿಗೆ ನೀವೆಷ್ಟು ಶುಲ್ಕ ವಿಧಿಸುತ್ತೀರಿ?	obbarige nīvemṭa śulka vidhisuttīri?
20. How much milk is required?	ಎಷ್ಟು ಹಾಲು ಬೇಕಾಗಿದೆ?	eṣṭu hālu bēkāgide?

(2) WHICH

21. Which is your umbrella?	ನಿಮ್ಮ ಛತ್ರಿ ಯಾವುದು?	nimma chatri yāvudu?
22. Which film will you see on Sunday?	ನೀವು ಭಾನುವಾರ ಯಾವ ಚಿತ್ರವನು– ನೋಡುತ್ತೀರಾ?	nīvu bhānuvāra yāva citrivnnu nōḍuttīrā?
23. Which is the right way?	ಸರಿಯಾದ ದಾರಿ ಯಾವುದು?	sariyāda dāri yāvudu?
24. Which is the booking office?	ಕಾಯ್ದಿರಿಸುವ ಕಛೇರಿ ಯಾವುದು?	kāydirisuva kachēri yāvudu?
25. Which is your favourite book?	ನಿಮಗೆ ಇಷ್ಟವಾದ ಪುಸ್ತಕ ಯಾವುದು?	nimage iṣṭavāda pustaka yāvudu?
26. At which platform does the frontier mail will arrive?	ಫ್ರಾಂಟಿಯರ್ ಮೇಲ್ ಯಾವ ಪ್ಲಾಟ್‌ಫಾರ್ಮ್‌ಗೆ ಬಂದು ಸೇರುತ್ತದೆ?	phrāṇṭiyar mēl yāva plāṭphārmge bandu sēruttade?

30TH STEP 30 ನೆಯ ಹಂತ

NEGATIVE SENTENCES

ನಕಾರಾತ್ಮಕ ವಾಕ್ಯಗಳು

Negative Sentences with
(1) NOT NO-NOT NO NEVER NOTHING SELDOM

1. My father is not feeling well.	ನನ್ನ ತಂದೆಯವರಿಗೆ ಆರೋಗ್ಯ ಸರಿಯಿಲ್ಲ.	nanna tandeyavarige ārōgya sariyilla.
2. We are not fools.	ನಾವು ಮೂರ್ಖರಲ್ಲ.	nāvu mūrkharalla.
3. I don't know what you say.	ನೀನೇನು ಹೇಳುತ್ತೀಯೆಂದು ನನಗೆ ಗೊತ್ತಿಲ್ಲ.	nīnēnu hēḷuttīyendu nanage gottilla.
4. I don't know who she is.	ಅವಳು ಯಾರೆಂದು ನನಗೆ ಗೊತ್ತಿಲ್ಲ.	avaḷu yārendu nanage gottilla.
5. No, I don't understand.	ಇಲ್ಲ, ನನಗೆ ಅರ್ಥವಾಗುತ್ತಿಲ್ಲ.	illa, nanage arthavāguttilla.
6. I know nothing about it.	ಅದರ ಬಗ್ಗೆ ನನಗೆ ಏನೂ ಗೊತ್ತಿಲ್ಲ	adara bagge nanage ēnū gottilla.
7. Nothing in particular.	ಪ್ರತ್ಯೇಕವಾಗಿ ಏನೂ ಇಲ್ಲ.	pratyēkavāgi ēnū illa.
8. I did not want anything.	ನನಗೆ ಏನೂ ಬೇಡವಾಗಿತ್ತು.	nanage ēnū bēḍavāgittu.
9. No sir, the boss has not come yet.	ಇಲ್ಲ ಸ್ವಾಮಿ, ಯಜಮಾನರು ಇನ್ನೂ ಬಂದಿಲ್ಲ.	illa svāmi, yajamānaru innū bandilla.
10. No thorough- fare.	ಮುಖ್ಯ ರಸ್ತೆ ಇಲ್ಲ.	mukhya raste illa.
11. No, I have a headache.	ಇಲ್ಲ, ನನಗೆ ತಲೆನೋವಿದೆ.	illa, nanage talenōvide.
12. No, not at all. She is not trust worthy.	ಇಲ್ಲ, ಇಲ್ಲವೇ ಇಲ್ಲ, ಅವಳನ್ನು ನಂಬಲಾಗುವುದಿಲ್ಲ.	illa, illavē illa, avaḷannu nambalāguvudilla.
13. Barking dogs seldom bite.	ಬೊಗಳುವ ನಾಯಿಗಳು ಕಚುವುದಿಲ್ಲ.	bogaḷuva nāyigaḷu kacuvudilla.

14. One has never seen such an absurd man.	ಇಂತಹ ಅಸಭ್ಯವಾದ ವ್ಯಕ್ತಿಯನು– ಯಾರೂ ನೋಡೇ ಇಲ್ಲ.	iṃtaha asabhyavāda vyaktiyannu yārū nōḍē illa.
15. Do not touch it.	ಅದನು– ಮುಟ್ಟಬೇಡ.	adannu muṭṭabēḍa.

(2) Negative Sentences with Interrogation

16. I can jump. Can't I ?	ನಾನು ಜಿಗಿಯಬಲ್ಲೆ. ಹೌದಲ್ಲವೇ?	nānu jigiyaballe. haudallavē?
17. We shall return in time. Shan't we?	ನಾವು ಸಮಯಕ್ಕೆ ಸರಿಯಾಗಿ ಹಿಂದಿರುಗುತ್ತೇವೆ. ಹೌದಲ್ಲವೇ?	nāvu samayakke sariyāgi hindiruguttēve. haudallavē?
18. They will surely come. Won't they?	ಅವರು ಖಂಡಿತ ಬರುತ್ತಾರೆ. ಅಲ್ಲವೇ?	avaru khaṇḍita baruttāre. allavē?
19. They are fools. Aren't they?	ಅವರು ಮೂರ್ಖರು. ಅಲ್ಲವೇ?	avaru mūrkharu. allavē?
20. You should not abuse others. Should you?	ನೀವು ಬೇರೆಯವರನು– ನಿಂದಿಸಬಾರದು. ಮಾಡಬಹುದೇ?	nīvu bēreyavarannu nindisabāradu. māḍabahudē?
21. You must not smoke. Must you?	ನೀವು ಧೂಮಪಾನ ಮಾಡಬಾರದು. ಮಾಡಬೇಕೆ?	nīvu dhūmapāna māḍabāradu. māḍabēke?
22. There is enough milk. Isn't it?	ಸಾಕಷ್ಟು ಹಾಲಿದೆ. ಹೌದಲ್ಲವೇ?	sākaṣṭu hālide. haudallavē?
23. Can't you find your handkerchief?	ನಿಮ್ಮ ಕರವಸ್ತ್ರ ಕಾಣಿಸುತ್ತಿಲ್ಲವೇ?	nimma karavastra kāṇisuttillavē?
24. Couldn't he have done better?	ಅವನು ಇನೂ– ಚೆನಾ–ಗಿ ಮಾಡಬಾರದಿತ್ತೇ?	avanu innū cennāgi māḍabārादittē?
25. Won't you be able to come and see us?	ನೀವು ನಮ್ಮನು– ನೋಡಲು ಬರಲಿಕ್ಕಾಗುತ್ತದೆಯೇ?	nīvu nammannu nōḍalu baralikkāguttadeyē?
26. Aren't you going to walk now?	ನೀವೀಗ ನಡೆಯಲಿಕ್ಕೆ ಹೋಗುತ್ತಿರಾ?	nīvīga naḍeyalikke hōguttirā?
27. Must I tell you again?	ನಾನು ನಿಮಗೆ ಪದೇ ಪದೇ ಹೇಳಬೇಕೇ?	nānu nimage padē padē hēḷabēkē?
28. Don't I have to close the shop?	ನಾನು ಅಂಗಡಿಯನು– ಮುಚುಚ್ಚುವುದು ಬೇಡವೇ?	nānu aṃgaḍiyannu mucuvuma bēḍavē?

PART 4 - SITUATIONAL SENTENCES

31ST STEP 31 ನೆಯ ಹಂತ

AT HOME

ಮನೆಯಲ್ಲಿ

1. You have come to visit after a long time.	ನೀವು ತುಂಬಾ ವರ್ಷದ ನಂತರ ಬಂದಿದ್ದೀರಿ.	nīvu tumbā varṣada nantara bandiddīri.
2. What brings you here?	ಯಾವುದು ನಿಮ್ಮನು– ಇಲ್ಲಿಗೆ ಕರೆತಂದಿತು?	yāvudu nimmannu illige karetanditu?
3. What is the problem with you?	ನಿಮಗೇನು ಕಷ್ಟ ?	nimagēnu kaṣṭa ?
4. I seek your advice.	ನಿಮ್ಮಿಂದ ನಾನು ಸಲಹೆಯನು– ಬಯಸುತ್ತೇನೆ.	nimminda nānu salaheyannu bayasuttēne.
5. What is your opinion on this matter?	ಈ ವಿಷಯದಲ್ಲಿ ನಿಮ್ಮ ಅಭಿಪ್ರಾಯವೇನು?	ī viṣayadalli nimma abhiprāyavēnu?
6. I have come for some important matter.	ನಾನು ಒಂದು ಮುಖ್ಯ ಕೆಲಸಕ್ಕಾಗಿ ಇಲ್ಲಿಗೆ ಬಂದಿದ್ದೇನೆ.	nānu oṃdu mukhya kelasakkāgi illige bandiddēne.
7. She had some work with you.	ಅವಳಿಗೆ ನಿಮ್ಮೊಂದಿಗೆ ಸ್ವಲ್ಪ ಕೆಲಸವಿತ್ತು.	avaḷige nimmondige svalpa kelasavittu.
8. Come some other time.	ಬೇರೆ ಯಾವಾಗಲಾದರೂ ಬನಿ–.	bēre yāvāgalādarū banni.
9. Both of you may come.	ನೀವಿಬ್ಬರೂ ಬರಬಹುದು	nīvibbarū barabahudu
10. Promise that you shall come.	ನೀವು ಬರುತ್ತೀರೆಂದು ನನಗೆ ಪ್ರಮಾಣ ಮಾಡಿ.	nīvu baruttīrendu nanage pramāṇa māḍi.
11. I have forgotten your name.	ನನಗೆ ನಿಮ್ಮ ಹೆಸರು ಮರೆತುಹೋಗಿದೆ.	nanage nimma hesaru maretuhōgide.
12. You are beyond recognition.	ನೀವು ಗುರುತಿಸಲಾಗದಷ್ಟು ಬದಲಾಯಿಸಿದ್ದೀರಿ.	nīvu gurutisalāgadaṣṭu badalāyisiddīri.
13. I woke up early this morning.	ನಾನು ಈ ದಿನ ಬೆಳಿಗ್ಗೆ ಬೇಗ ಎದ್ದೆ.	nānu ī dina beḷigge bēga edde.
14. I did not think it proper to wake you up.	ನಾನು ನಿಮ್ಮನು– ಎಬ್ಬಿಸುವುದು ಸರಿ ಅನಿ–ಸಲಿಲ್ಲ	nānu nimmannu ebbisuvudu sari annisalilla.

15. Are you still awake?	ನೀವು ಇನ್ನೂ ಎಚರವಾಗಿದ್ದೀರಾ ?	nīvu innū ecaravāgiddīrā?
16. I shall rest for a while.	ನಾನು ಸ್ವಲ್ಪಹೊತ್ತು ವಿಶ್ರಾಂತಿ ತೆಗೆದುಕೊಳ್ಳುತ್ತೇನೆ.	nānu svalpahottu viśrānti tegedukoḷḷuttēne.
17. Let them rest.	ಅವರು ವಿಶ್ರಾಂತಿ ಪಡೆಯಲಿ.	avaru viśrānti paḍeyali.
18. I shall come some other day	ನಾನು ಬೇರೆ ಯಾವಾಗಲಾದರೂ ಬರುತ್ತೇನೆ.	nānu bēre yāvāgalādarū baruttēne.
19. I am feeling sleepy.	ನನಗೆ ನಿದ್ದೆ ಬರುತ್ತಿದೆ.	nanage nidde baruttide.
20. Go and take rest.	ಹೋಗಿ ವಿಶ್ರಾಂತಿ ಪಡೆಯಿರಿ.	hōgi viśrānti paḍeyiri.
21. I feel very sleepy.	ನನಗೆ ತುಂಬಾ ನಿದ್ದೆ ಬರುತ್ತಿದೆ.	nanage thumba nidde baruttide.
22. Please inform me of her arrival.	ಅವಳ ಆಗಮನದ ಬಗ್ಗೆ ನನಗೆ ದಯವಿಟ್ಟು ತಿಳಿಸಿ	avaḷa āgamanada bagge nanage dayaviṭṭu tiḷisi
23. He left a long while ago.	ಅವರು ಇಲ್ಲಿಂದ ಹೊರಟು ತುಂಬಾ ಸಮಯವಾಯಿತು.	avaru illinda horaṭu tumbā samayavāyitu.
24. Why did you not go?	ನೀವು ಏಕೆ ಹೋಗಿಲ್ಲ?	nīvu ēke hōgilla?
25. I could not go because of some urgent work.	ನನಗೆ ಸ್ವಲ್ಪ ಅವಸರದ ಕೆಲಸವಿದ್ದುದ್ದರಿಂದ ಹೋಗಲಾಗಲಿಲ್ಲ.	nanage svalpa avasarada kelasavidaddarinda hōgalāgalilla.
26. Why did you not come day before yesterday.	ನೀವು ಮೊನ್ನೆ ಏಕೆ ಬರಲಿಲ್ಲ?	nīvu monne ēke baralilla?
27. There was an urgent work.	ಸ್ವಲ್ಪ ಅವಸರದ ಕೆಲಸವಿತ್ತು.	svalpa avasarada kelasavittu.
28. I have been out since morning.	ನಾನು ಬೆಳಿಗ್ಗೆಯಿಂದ ಹೊರಗೆ ಹೋಗಿದ್ದೆ.	nānu beḷiggeyinda horage hōgidde.
29. They must be waiting for me at home.	ಅವರು ನನಗಾಗಿ ಮನೆಯಲ್ಲಿ ಕಾಯುತ್ತಿರಬಹುದು.	avaru nanagāgi maneyalli kāyuttirabahudu.
30. I cannot stay any longer now.	ನಾನು ಇನ್ನು ಮೇಲೆ ಇಲ್ಲಿ ಇರಲಾಗುವುದಿಲ್ಲ.	nānu innu mēle illi iralāguvudilla.
31. Good bye, see you again.	ಹೋಗಿಬರುತ್ತೇನೆ, ನಿಮ್ಮನ್ನು ಮತ್ತೆ ಭೇಟಿಯಾಗುತ್ತೇನೆ.	hōgibaruttēne, nimmannu matte bhēṭiyāguttēne.

32ND STEP 32 ನೆಯ ಹಂತ

SHOPPING

ಸರುಕುಗಳು ಕೊಳ್ಳುವಿಕೆ

1. Where is the Central Market?	ಪ್ರಧಾನ ಮಾರುಕಟ್ಟೆ ಎಲ್ಲಿದೆ?	pradhāna mārukaṭṭe ellide?
2. I am going there, follow me.	ನಾನು ಅಲ್ಲಿಗೆ ಹೋಗುತ್ತಿದ್ದೇನೆ, ನನ್ನೊಂದಿಗೆ ಬನ್ನಿ.	nānu allige hōguttiddēne, nannondige banni.
3. I want to purchase some clothes.	ನಾನು ಸ್ವಲ್ಪ ಜವಳಿಯನ್ನು ಖರೀದಿಸಬೇಕು.	nānu svalpa javaḷiyannu kharīdisabēku.
4. Which is the cheapest and best shop?	ಅಗ್ಗವಾದ ದರದಲ್ಲಿ ಉತ್ತಮ ಜವಳಿ ದೊರೆಯುವ ಅಂಗಡಿ ಯಾವುದು?	aggavāda daradalli uttama javaḷi doreyuva aṃgaḍi yāvudu?
5. How much money have you?	ನಿಮ್ಮ ಹತ್ತಿರ ಎಷ್ಟು ಹಣವಿದೆ?	nimma hattira eṣṭu haṇavide?
6. Don't spend more than you can afford.	ಆದಾಯಕ್ಕಿಂತ ಹೆಚ್ಚಾಗಿ ಖರ್ಚು ಮಾಡಬೇಡಿ.	ādāyakkinta hecāgi kharcumāḍabēḍi.
7. Is the price fixed?	ದರ ನಿಗದಪಡಿಸಿದೆಯೇ?	dara nigadapaḍisideyē?
8. State your minimum price.	ನಿಮ್ಮ ಕನಿಷ್ಠ ಬೆಲೆಯನ್ನು ತಿಳಿಸಿ.	nimma kaniṣṭha beleyannu tiḷisi.
9. Will you give it for seventy rupees?	70 ರೂಪಾಯಿಗಳಿಗೆ ಕೊಡುತ್ತೀರಾ?	70 rūpāyigaḷige koḍuttīrā?
10. Count the money.	ಹಣವನ್ನು ಎಣಿಸಿಕೊಳ್ಳಿ.	haṇavannu eṇisikoḷḷi.
11. Give me the balance.	ಉಳಿದ ಹಣವನ್ನು ನನಗೆ ಕೊಡಿ.	uḷida haṇavannu nanage koḍi.
12. Do you sell socks?	ನೀವು ಕಾಲು ಚೀಲಗಳನ್ನು ಮಾರುತ್ತೀರಾ?	nīvu kālu cīlagaḷannu māruttīrā?
13. Buy this one.	ಇದನ್ನು ಕೊಂಡು ಕೊಳ್ಳಿ.	idannu koṇḍu koḷḷi.
14. Show me another variety.	ಬೇರೆ ವಿಧದಲ್ಲಿರುವುದನ್ನು ತೋರಿಸಿ.	bēre vidhadalliruvudannu tōrisi.

15. I do not want this.	ನನಗೆ ಇದು ಬೇಡ.	nanage idu bēḍa.
16. Not so costly.	ತುಂಬಾ ಬೆಲೆಯದಲ್ಲ.	tumbā beleyadalla.
17. I do not want this colour.	ನನಗೆ ಈ ಬಣ್ಣದ್ದು ಬೇಡ.	nanage ī baṇṇaddu bēḍa.
18. It is faded.	ಇದು ಮುಸುಕಾಗಿದೆ	idu musukāgide
19. This is good.	ಇದು ಚೆನ್ನಾಗಿದೆ.	idu cennāgide.
20. It is very dear.	ಇದು ನನಗೆ ತುಂಬಾ ಮೆಚ್ಚುಗೆಯಾಗಿದೆ.	idu nanage tumba mecugeyāgide.
21. Quite cheap.	ಬೆಲೆಯು ತುಂಬಾ ಕಮ್ಮಿ.	beleyu tumbā kammi.
22. Will it shrink?	ಇದು ಕುಗ್ಗುತ್ತದೆಯೇ?	idu kugguttadeyē?
23. Can you recommend a good shop for shoes?	ಶೂಗಳನ್ನು ಕೊಳ್ಳಲು ಯಾವುದಾದರೂ ಒಳ್ಳೆಯ ಅಂಗಡಿಯನ್ನು ಸೂಚಿಸುತ್ತೀರಾ?	ṣūgaḷannu koḷḷalu yāvudādarū oḷḷeya aṃgaḍiyannu sūcisuttīrā?
24. Bata shoes are quite reliable.	ಬಾಟಾ ಬೂಟುಗಳು ತುಂಬಾ ಯೋಗ್ಯವಾದವು.	bāṭā būṭugaḷu tumbā yōgyavādavu.
25. May we get it for you?	ನಾವು ಅದನ್ನು ನಿಮಗೆ ಕೊಡಿಸಬಹುದೇ?	nāvu adannu nimage koḍisabahudē?
26. Is the shop far away?	ಅಂಗಡಿಯು ತುಂಬಾ ದೂರದಲ್ಲಿದೆಯೇ?	aṃgaḍiyu tumbā dūradallideyē?
27. How much for a pair?	ಒಂದು ಜೊತೆಗೆ ಎಷ್ಟು ಬೆಲೆ?	oṃdu jotege eṣṭu bele?
28. Where is my bill?	ನನ್ನ ಬಿಲ್ ಎಲ್ಲಿ?	nanna bil elli?
29. Which is the payment counter?	ಹಣವನ್ನು ಪಾವತಿಸುವ ಸ್ಥಳ ಎಲ್ಲಿ?	haṇavannu pavatisuva sthala yelli?
30. Please give me the maximum discount.	ದಯವಿಟ್ಟು ನನಗೆ ಗರಿಷ್ಠ ರಿಯಾಯಿತಿಯನ್ನು ನೀಡಿರಿ.	dayavittu nanage gariṣṭha riyāyitiyannu nīḍiri.
31. The error or omission will be adjusted.	ತಪ್ಪು ಅಥವಾ ಬಿಟ್ಟುಹೋದದ್ದನ್ನು ಸರಿಪಡಿಸಲಾಗುವುದು.	tappu athavā biṭṭuhōdaddannu saripaḍisalāguvudu.

33RD STEP 33 ನೆಯ ಹಂತ

CRAFTSMAN

ಕುಶಲಕರ್ಮಿಗಳು

(1) Cobbler ಚಮ್ಮಾರ

1. Have you mended my shoes?	ನೀವು ನನ್ನ ಬೂಟುಗಳನ್ನು ಸರಿಪಡಿಸಿದಿರಾ?	nīvu nanna būṭugaḷannu saripaḍisidirā?
2. I want to get these shoes resoled.	ನನಗೆ ಈ ಬೂಟುಗಳ ಸೋಲ್ ಅನ್ನು ಬದಲಾಯಿಸಬೇಕಾಗಿದೆ.	nanage ī būṭugaḷa sōlannu badalāyisa bēkāgide.
3. What would you charge for resoling?	ಕೆಳಬಾಗವನ್ನು ಮಾತ್ರ ಬದಲಾಯಿಸಲು ನೀವು ಎಷ್ಟು ಬೆಲೆ ಹೇಳುತ್ತೀರಾ?	keḷabāgavannu mātra badalāyisalu nīvu eṣṭu bele hēḷuttīrā?
4. Don't use nails, stitch it.	ಆಣಿಗಳನ್ನು ಉಪಯೋಗಿಸಬೇಡಿ. ಹೊಲೆದುಬಿಡಿ.	āṇigaḷannu upayōgisabēḍi. holedubiḍi.
5. I need white laces.	ನನಗೆ ಬಿಳಿಯ ಬಣ್ಣದ ಷೂದಾರಗಳು ಬೇಕು.	nanage biḷiya baṇṇ ada ṣūdāragaḷu bēku

(2) Watch-maker ಗಡಿಯಾರಗಳನ್ನು ಸರಿಮಾಡುವವನು

6. What is wrong with your watch?	ನಿಮ್ಮ ಗಡಿಯಾರಕ್ಕೆ ಏನಾಗಿದೆ?	nimma gaḍiyārakke ēnāgide?
7. This watch gains eight minutes a day.	ಈ ಗಡಿಯಾರವು ಒಂದು ದಿವಸಕ್ಕೆ 7 ನಿಮಿಷ ಮುಂದೆ ತೋರಿಸುತ್ತದೆ.	ī gaḍiyāravu oṃdu divasakke 7 nimiṣa munde tōrisuttade.
8. That watch loses six minutes in 24 hours.	ಆ ಗಡಿಯಾರವು 24 ಗಂಟೆಗಳಲ್ಲಿ 6 ನಿಮಿಷ ಹಿಂದೆ ತೋರಿಸುತ್ತದೆ.	ā gaḍiyāravu 24 gaṇṭe gaḷalli 6 nimiṣa hinde tōrisuttade.
9. Did you drop this watch?	ನೀವು ಈ ಗಡಿಯಾರವನ್ನು ಕೆಳಗೆ ಹಾಕಿದಿರಾ?	nīvu ī gaḍiyāravannu keḷage hākidirā?
10. The hand of this watch is broken	ಈ ಗಡಿಯಾರದ ಮುಳ್ಳು ಮುರಿದಿದೆ.	ī gaḍiyārada muḷḷu muridide.

(3) Tailor ದರ್ಜಿ

11. Is there any good tailor's shop?	ಯಾವುದಾದರೂ ಒಳ್ಳೆಯ ದರ್ಜಿ ಅಂಗಡಿ ಇದೆಯೇ?	yāvudādarū oḷḷeya darji aṃgaḍi ideyē?
12. I want to have a suit stitched.	ನಾನು ಒಂದು ಸೂಟನು– ಹೊಲಿಸಬೇಕಾಗಿದೆ.	nānu oṃdu sūṭannu holisabēkāgide.
13. Would you like loose fitting ?	ನೀವು ಸಡಿಲವಾಗಿ ಹಾಕಿಕೊಳ್ಳಲು ಇಷ್ಟಪಡುತ್ತೀರ?	nīvu saḍilavāgi hākikoḷḷalu iṣṭapaḍuttīra?
14. No, I would like tight fitting.	ಇಲ್ಲ, ಬಿಗಿಯಾಗಿರಲು ಇಷ್ಟಪಡುತ್ತೇನೆ.	illa, bigiyāgiralu iṣṭapaḍuttēne.
15. Is the shirt ready?	ಅಂಗಿಯು ತಯಾರಾಗಿದೆಯೇ?	aṃgiyu tayārāgideyē?
16. Yes, I have only to iron it.	ಆಗಿದೆ. ನಾನು ಅದನು– ಇಸ್ತ್ರಿ ಮಾತ್ರ ಮಾಡಬೇಕು.	āgide. nānu adannu istri mātra māḍabēku

(4) Hair-dresser ಕ್ಷೌರಿಕ

17. How long do I have to wait?	ನಾನು ಎಷ್ಟು ಹೊತ್ತು ಕಾಯಬೇಕು?	nānu eṣṭu hottu kāyabēku?
18. What do you charge for a clean shave?	ಮುಖ ಕ್ಷೌರ ಮಾಡಲು ಎಷ್ಟು ಹಣ ತೆಗೆದುಕೊಳ್ಳುತ್ತೀರಿ?	mukha kṣaura māḍalu eṣṭu haṇa tegedukoḷḷuttīri?
19. Please sharpen the razor.	ರೇಜರ್ ಅನು– ಹರಿತಮಾಡಿಕೊಳ್ಳಿ.	rējar annu harita māḍikoḷḷi.
20. Your razor is blunt.	ನಿಮ್ಮ ರೇಜರ್ ಮೊಂಡಾಗಿದೆ.	nimma rējar moṇḍāgide.
21. Cut my hair, but not too short.	ನನ– ಕೂದಲನು– ಕತ್ತರಿಸಿ. ಆದರೆ ತುಂಬಾ ಗಿಡ್ಡವಾಗಲ್ಲ.	nanna kūdalannu kattarisi. ādare tambā giḍḍavāgalla.

(5) Grocer ದಿನಸಿ ವ್ಯಾಪಾರಿ

22. This is a fair price shop.	ಇದು ನ್ಯಾಯಬೆಲೆ ಅಂಗಡಿ.	idu nyāya bele aṃgaḍi.
23. Fixed price and No credit. These are our mottos.	ಒಂದೇ ಬೆಲೆ, ಸಾಲ ಪಡೆಯಲಾಗುವುದಿಲ್ಲ. ಇದು ನಮ್ಮ ಪದ್ಧತಿ.	oṃdē bele, sāla paḍeyalāguvudilla. idu namma paddati.

24. We arrange home delivery.	ನಾವು ಮನೆಗೆ ಸಾಮಾನನು– ವಿತರಣೆ ಮಾಡುವ ವ್ಯವಸ್ಥೆ ಮಾಡುತ್ತೇವೆ.	nāvu manege sāmānannu vitaraṇe māḍuva vyavasethi māḍuttēve.
25. Please give me one kg. pure Desi Ghee.	ದಯವಿಟ್ಟು ನನಗೆ ಒಂದು ಕೆ.ಜಿಯಷ್ಟು ಅಪ್ಪಟ ತುಪ್ಪವನು– ಕೊಡಿ.	dayavittu nanage oṃdu ke.jiyaṣṭu appaṭa tuppavannu koḍi.
26. How much is it?	ಎಷ್ಟು ಹಣ ಕೊಡಬೇಕು?	eṣṭu haṇa koḍabēku?

(6) Dry Cleaner/Washermen ಅಗಸರು

27. I must have these clothes within a week	ಈ ಬಟ್ಟೆಗಳು ನನಗೆ ಒಂದು ವಾರದೊಳಗೆ ಬೇಕು.	ī baṭṭegaḷu nanage oṃdu vāradoḷage bēku.
28. I want this suit dry cleaned.	ಈ ಸೂಟನು– ಡ್ರೈ ಕ್ಲೀನ್ ಮಾಡಬೇಕು.	ī sūṭannu ḍrai klīn māḍabēku.
29. This shirt is not properly washed.	ಈ ಅಂಗಿಯನು– ಸರಿಯಾಗಿ ಒಗೆದಿಲ್ಲ.	ī aṃgiyannu sariyāgi ogedilla.
30. These are silken clothes. Wash them carefully.	ಇವು ರೇಷ್ಮೆಯ ಬಟ್ಟೆಗಳು. ಎಚ್ಚರಿಕೆಯಿಂದ ಒಗೆಯಿರಿ.	ivu rēṣmeya baṭṭegaḷu. ecarikeyinda ogeyiri
31. The trousers are badly ironed.	ಪ್ಯಾಂಟುಗಳು ತುಂಬಾ ಕೆಟ್ಟದಾಗಿ ಇಸ್ತ್ರಿ ಮಾಡಲ್ಪಟ್ಟಿವೆ.	pyāṇṭugaḷu tumbā keṭṭadāgi istri māḍalpaṭṭive.
32. You must take them back.	ನೀವು ಅವುಗಳನು– ಹಿಂದಕ್ಕೆ ತೆಗೆದುಕೊಂಡು ಹೋಗಬೇಕು.	nīvu avugaḷannu hindakke tegedu koṇḍu hōgabēku.
33. Your charges are too much.	ನೀವು ಹೇಳುವ ಬೆಲೆ ತುಂಬಾ ದುಬಾರಿಯಾಗಿವೆ.	nīvu hēḷuva bele tumbā dubāriyāgive.
34. Of course, we have a prompt service.	ಇದರಲ್ಲಿ ಸಂದೇಹವಿಲ್ಲ. ನಮ್ಮದು ಪ್ರಾಮಾಣಿಕ ಸೇವೆ.	idaralli sandēhavilla. nammadu prāmāṇika sēve.

34TH STEP 34 ನೆಯ ಹಂತ

FOODS & DRINKS

ತಿಂಡಿತಿನಿಸುಗಳು ಮತ್ತು ಪಾನೀಯಗಳು

1. I am feeling hungry.	ನನಗೆ ಹೊಟ್ಟೆ ಹಸಿಯುತ್ತಿದೆ.	nanage hoṭṭe hasiyuttide.
2. Where can I get a good meal?	ಒಳ್ಳೆಯ ಊಟ ನನಗೆ ಎಲ್ಲಿ ಸಿಗುತ್ತದೆ?	oḷḷeya ūṭa nanage elli siguttade?
3. Come, let us take our food.	ಬನ್ನಿ, ಊಟ ಮಾಡೋಣ.	banni, ūṭa māḍōṇa.
4. What will you have?	ನೀವು ಏನನ್ನು ತೆಗೆದುಕೊಳ್ಳಲು ಬಯಸುತ್ತೀರಾ?	nīvu ēnannu tegedukoḷḷalu bayasuttīrā?
5. Please give me the menu.	ದಯವಿಟ್ಟು ನನಗೆ ತಿನಿಸುಗಳ ಪಟ್ಟಿಯನ್ನು ಕೊಡಿ.	dayavittu nanage tinisugaḷa paṭṭiyannu koḍi.
6. Get the breakfast ready.	ನನಗೆ ಬೆಳಗಿನ ತಿಂಡಿಯನ್ನು ತಯಾರುಮಾಡಿ.	nanage beḷagina tiṇḍiyannu tayārumāḍi.
7. Please have your food with us today.	ದಯವಿಟ್ಟು ಈ ದಿನ ನಮ್ಮೊಂದಿಗೆ ಊಟ ಮಾಡಿ.	dayavittu ī dina navmondige ūṭa māḍi.
8. Do you have a special diet?	ನಿಮ್ಮ ಆಹಾರದ ಬಗ್ಗೆ ಏನಾದರೂ ವಿಶೇಷ ನಿಯಮವಿದೆಯೇ?	nimma āhārada bagge ēnādarū viśēṣa niyamavideyē?
9. Do you prefer sweet or salty dish?	ನೀವು ಸಿಹಿ ಅಥವಾ ಖಾರದ ತಿಂಡಿಗಳನ್ನು ಇಷ್ಟಪಡುತ್ತೀರೋ?	nīvu sihi athavā khārada tiṇḍigaḷannu iṣṭapaḍuttīrō?
10. Please give me Gujrati dishes.	ದಯವಿಟ್ಟು ನನಗೆ ಗುಜರಾತಿ ಊಟವನ್ನು ಕೊಡಿ.	dayavittu nanage gujarāti ūṭavannu koḍi.
11. Please give me salt and pepper.	ದಯವಿಟ್ಟು ನನಗೆ ಉಪ್ಪು ಮತ್ತು ಮೆಣಸಿನಕಾಳಿನ ಪುಡಿಯನ್ನು ಕೊಡಿ.	dayavittu nanage uppu mattu meṇasina kāḷina puḍiyannu koḍi.
12. The mango is my favourite fruit	ಮಾವಿನಕಾಯಿ ನನಗೆ ತುಂಬಾ ಇಷ್ಟವಾದ ಹಣ್ಣು.	māvinakāyi nanage tumbā iṣṭavāda haṇṇu.

13. What would you prefer –Indian or Continental food?	ನೀವು ಭಾರತೀಯ ಅಥವಾ ವಿದೇಶದ ಖಾದ್ಯ – ಯಾವುದಕ್ಕೆ ಆದ್ಯತೆ ನೀಡುತ್ತೀರಿ?	nīvu bhāratīya athavā vidēśada khādya - yāvudakke ādyate nīḍuttīri?
14. Which drink would you like to have– Campa or Limca?	ನೀವು ಯಾವ ಪಾನಿಯವನು– ತೆಗೆದು ಕೊಳ್ಳಲು ಇಷ್ಟಪಡುತ್ತೀರಾ – ಕ್ಯಾಂಪಾ ಅಥವಾ ಲಿಮ್ಕಾ ?	nīvu yāva pāniyavamna tegedu koḷḷalu iṣṭapaḍuttīrā kyāmpā athavā limkā ?
15. Please give me a cup of coffee.	ದಯವಿಟ್ಟು ನನಗೆ ಒಂದು ಲೋಟ ಕಾಫಿಯನು– ಕೊಡಿ.	dayavittu nanage oṃdu lōṭa kāphiyannu koḍi.
16. Would you like to have whisky?	ನೀವು ವಿಸ್ಕೀಯನು– ತೆಗೆದುಕೊಳ್ಳಲು ಇಷ್ಟಪಡುತ್ತೀರಾ?	nīvu viskīyannu tegedukoḷḷalu iṣṭapaḍuttīrā?
17. No sir, I will drink beer.	ಇಲ್ಲಾ ಸ್ವಾಮಿ, ನಾನು ಬೀರ್ ಅನು– ಕುಡಿಯುತ್ತೇನೆ.	illā svāmi, nānu bīr annu kuḍiyuttēne.
18. Give me a little more water	ದಯವಿಟ್ಟು ನನಗೆ ಇನು– ಸ್ವಲ್ಪ ನೀರನು– ಕೊಡಿ.	dayavittu nanage innu svalpa nīrannu koḍi.
19. I am a vegetarian, I cannot take non-vegetarian dish.	ನಾನು ಶಾಖಾಹಾರಿ, ನಾನು ಮಾಂಸಾಹಾರವನು– ತೆಗೆದುಕೊಳ್ಳವುದಿಲ್ಲ.	nānu śākhāhāri, nānu māṃsāhāravannu tegedu koḷḷavudilla.
20. Food has been served.	ಊಟವನು– ಬಡಿಸಿ ಆಗಿದೆ.	ūṭavannu baḍisi āgide.
21. The food is quite tasty.	ಊಟ ತುಂಬಾ ರುಚಿಕರವಾಗಿದೆ.	ūṭa tumbā rucikaravāgide.
22. You have eaten very little.	ನೀವು ತುಂಬಾ ಕಡಿಮೆ ತಿಂದಿರಿ.	nīvu tumbā kaḍime tindiri.
23. Please give me some appetizer.	ದಯವಿಟ್ಟು ನನಗೆ ಹಸಿವುವರ್ಧಕ ಕೊಡಿ.	dayaviṭṭu nanage hasivuvardhaka koḍi.
24. I have to go to a party.	ನಾನು ಒಂದು ಪಾರ್ಟಿಗೆ ಹೋಗಬೇಕು.	nānu oṃdu pārṭige hōgabēku.
25. Please bring some milk	ನನಗೆ ಸ್ವಲ್ಪ ಹಾಲನು– ತೆಗೆದುಕೊಂಡು ಬನಿ–.	nanage svalpa hālannu tegedukoṇḍu banni.
26. Please put only a little sugar in the milk.	ದಯವಿಟ್ಟು ಹಾಲಿನಲ್ಲಿ ಸ್ವಲ್ಪ ಸಕ್ಕರೆಯನು– ಹಾಕಿ.	dayaviṭṭu hālinalli svalpa sakkareyannu hāki.

27. Please have this soft drink.	ದಯವಿಟ್ಟು ಈ ಶರಬತ್ತನು– ಕುಡಿಯಿರಿ.	dayaviṭṭu ī śarabattannu kuḍiyiri.
28. Have a little more.	ಇನ್ನೂ– ಸ್ವಲ್ಪ ಕುಡಿಯಿರಿ.	innū svalpa kuḍiyiri
29. Bring a cup of tea.	ಒಂದು ಲೋಟ ಟೀಯನು– ತೆಗೆದುಕೊಂಡು ಬನಿ–.	oṃdu lōṭa ṭīyannu tegedukoṇḍu banni.
30. I don't like tea.	ನಾನು ಟೀಯನು– ಇಷ್ಟಪಡುವುದಿಲ್ಲ.	nānu ṭīyannu iṣṭapaḍuvudilla.
31. Thanks, I am fully gratified.	ಧನ್ಯವಾದಗಳು. ನನಗೆ ತುಂಬಾ ತೃಪ್ತಿಯಾಗಿದೆ.	dhanyavādagalu. nanage tumbā tṛptiyāgide.
32. Please give me the bill.	ದಯವಿಟ್ಟು ನನಗೆ ಬಿಲ್ಲನು– ಕೊಡಿ.	dayaviṭṭu nanage billannu koḍi.
33. Is the service charge included?	ಸೇವೆಯ ಶುಲ್ಕವನೂ– ಇದರಲ್ಲಿ ಸೇರಿಸುತ್ತೀರಾ?	sēveya śulkavannū idaralli sērisuttīrā?
34. No sir, that is extra.	ಇಲ್ಲ ಸ್ವಾಮಿ. ಅದು ಪ್ರತ್ಯೇಕವಾದದ್ದು.	illa svāmi. adu pratyēkavādadu.
35. Please help me to wash my hands.	ನನಗೆ ಕೈತೊಳೆಯಲು ಸಹಾಯಮಾಡಿ.	nanage kaitoḷeyalu sahāyamāḍi.

35TH STEP 35ನೆಯ ಹಂತ

HOTEL & RESTAURANT

ಹೋಟೆಲ್ ಮತ್ತು ರೆಸ್ಟಾರೆಂಟ್

1. Which is the best hotel in this city?	ನಗರದಲ್ಲಿ ಉತ್ತಮವಾದ ಹೋಟೆಲ್ ಎಲ್ಲಿದೆ?	nagaradalli uttama vāda hōṭel ellide?
2. I need a single bedroom with attached bath.	ಕೋಣೆಗೇ ಅಂಟಿಕೊಂಡಿರುವ ಸಾ–ನದ ಮನೆ ಇರುವಂತ ಒಂದೇ ಒಂದು ಕೋಣೆಯು ನನಗೆ ಅವಶ್ಯಕತೆಯಿದೆ.	kōṇegē aṃṭikoṇḍiruva snānada mane iruvanta oṃdē oṃdu kōṇeyu nanage avaśyakateyide.
3. Will this room suit you?	ಈ ಕೋಣೆಯು ನಿಮಗೆ ಹೊಂದುತ್ತದೆಯೇ?	ī kōṇeyu nimage honduttadeyē?
4. How much does this room cost per day?	ಈ ಕೋಣೆಗೆ ಒಂದು ದಿನಕ್ಕೆ ಎಷ್ಟು ಹಣ ವ್ಯಯವಾಗುತ್ತದೆ.	ī kōṇege oṃdu dinakke eṣṭu haṇa vyaya vāguttade.
5. I shall stay for two weeks.	ನಾನು ಎರಡು ವಾರಗಳು ಇರುತ್ತೇನೆ.	nānu eraḍu vāragaḷu iruttēne.
6. The charges for the room is thirty rupees per day.	ಕೋಣೆಗೆ ಒಂದು ದಿವಸಕ್ಕೆ 30 ರೂಪಾಯಿಗಳಾಗುತ್ತದೆ.	kōṇege oṃdu divasakke 30 rūpāyigaḷāguttade.
7. Can I have a hot water bath?	ಸಾ–ನಕ್ಕೆ ಬಿಸಿನೀರು ಸಿಗುತ್ತದೆಯೇ?	snānakke bisinīru siguttadeyē?
8. Send the room boy to me.	ಕೋಣೆಯ ಜವಾನನು– ಕಳುಹಿಸಿ.	kōṇeya javānannu kaḷuhisi.
9. Is there any letter for me?	ನನಗೆ ಏನಾದರೂ ಪತ್ರವಿದೆಯೇ?	nanage ēnādarū patravideyē?
10. I want another blanket.	ನನಗೆ ಇನೊ–ಂದು ಹೊದಿಕೆ ಬೇಕು.	nanage innondu hodike bēku.

11. Change the sheets.	ಹಾಸಿಗೆಯ ದುಪ್ಪಟಿಯನ್ನು ಬದಲಾಯಿಸಿ.	hāsigeya duppaṭeyannu badalāyisi.
12. I want one more pillow.	ನನಗೆ ಇನ್ನೊಂದು ತಲೆ ದಿಂಬು ಬೇಕು.	nanage innondu tale dimbu bēku.
13. Is there any phone for me?	ನನಗೆ ಏನಾದರೂ ದೂರವಾಣಿ ಕರೆ ಬಂತೇ?	nanage ēnādarū dūravāṇi kare bantē?
14. Please have the room swept.	ದಯವಿಟ್ಟು ಕೋಣೆಯನ್ನು ಗುಡಿಸಿ.	dayaviṭṭu kōṇeyannu guḍisi.
15. Please bring some postage stamps from the post-office	ದಯವಿಟ್ಟು ಅಂಚೆ ಕಛೇರಿಯಿಂದ ಕೆಲವು ಅಂಚೆ ಚೀಟಿಗಳನ್ನು ತನ್ನಿ.	dayaviṭṭu aṃce kachēriyinda kelavu aṃce c ī ṭigaḷannu tanni.
16. Bring some fruits for me.	ನನಗೆ ಸ್ವಲ್ಪ ಹಣ್ಣುಗಳನ್ನು ಕೊಡಿ.	nanage svalpa haṇṇugaḷannu koḍi.
17. Please give me lunch at 1 P.M. and dinner at 9 P.M.	ದಯವಿಟ್ಟು ನನಗೆ ಮದ್ಯಾಹ್ನದ ಊಟವನ್ನು 1 ಗಂಟೆಗೆ ಮತ್ತು ರಾತ್ರಿಯ ಊಟವನ್ನು 9 ಗಂಟೆಗೆ ಕೊಡಿ.	dayaviṭṭu nanage madyāhnada ūṭavannu 1 gaṇṭege mattu rātriya ūṭavannu 9 gaṇṭege koḍi.
18. What are the charges for lunch and dinner?	ಮದ್ಯಾಹ್ನದ ಊಟಕ್ಕೂ ಸಂಜೆಯ ಊಟಕ್ಕೂ ಎಷ್ಟು ಹಣವಾಗುತ್ತದೆ?	madyāhnada ūṭakkū sañjeya ūṭakkū eṣṭu haṇavāguttade?
19. We charge seven rupees for each meal.	ಒಂದು ಹೊತ್ತಿನ ಆಹಾರಕ್ಕೆ ನಾವು 7 ರೂಪಾಯಿಗಳನ್ನು ತೆಗೆದುಕೊಳ್ಳುತ್ತೇವೆ.	oṃdu hottina āhārakke nāvu 7 rūpāyigaḷannu tegedukoḷḷuttēve.
20. Have you a swimming pool?	ನಿಮ್ಮಲ್ಲಿ ಈಜುಕೊಳ ಇದೆಯೇ?	nimmalli ījukoḷa ideyē?
21. Is there an extra charge for swimming?	ಈಜುವುದಕ್ಕೆ ಬೇರೆ ಅಧಿಕ ಹಣ ಕೊಡಬೇಕೇ?	ījuvudakke bēre adhika haṇa koḍabēkē?
22. Is the hotel open for twenty four hours?	ಹೋಟೆಲ್ 24 ಗಂಟೆಗಳ ಕಾಲ ತೆರೆದಿರುತ್ತದೆಯೇ?	hōṭel gaṇṭegaḷa kāla terediruttadeyē?
23. I shall leave early tomorrow.	ನಾನು ನಾಳೆ ಬೆಳಿಗ್ಗೆ ಇಲ್ಲಿಂದ ಬೇಗ ಹೊರಡುತ್ತೇನೆ	nānu nāḷe beḷigge illinda bēga horaḍuttēne

24. Bring the bill.	ಬಿಲ್ ಅನು– ತೆಗೆದುಕೊಂಡು ಬನಿ–.	bil annu tegedukoṇḍu banni.
25. There is a mistake in the bill.	ಬಿಲ್‌ನಲ್ಲಿ ಒಂದು ತಪ್ಪಿದೆ.	bilnalli oṃdu tappide.
26. I never ordered the wine.	ನಾನು ವೈನ್ ಅನು– ಸೂಚಿಸಲಿಲ್ಲ.	nānu vain annu sūcisalilla.
27. You have included wine in the bill wrongly.	ನೀವು ವೈನ್ ಅನು– ಬಿಲ್‌ನಲ್ಲಿ ತಪ್ಪಾಗಿ ಸೇರಿಸಿದ್ದೀರಿ.	nīvu vain annu bilnalli tappāgi sērisiddīri.
28. Call the porter.	ಸೇವಕನನು– ಕರೆಯಿರಿ.	sēvakanannu kareyiri.
29. Do you accept cheques?	ನೀವು ಚೆಕ್‌ಗಳನು– ಸ್ವೀಕರಿಸುತ್ತಿರಾ?	nīvu cekgaḷannu svīkarisuttirā?
30. No, we accept only cash.	ಇಲ್ಲ, ನಾವು ಹಣವನು– ಮಾತ್ರ ಸ್ವೀಕರಿಸುತ್ತೇವೆ.	illa, nāvu haṇavannu mātra svīkarisuttēve.
31. Please get me a taxi.	ನನಗೆ ಒಂದು ಟ್ಯಾಕ್ಸಿ ವಾಹನವನು– ಒದಗಿಸಿ.	nanage oṃdu ṭyāksi vāhanavannu odagisi.
32. Please ring to the airport to know the time of the Delhi flight.	ದಯವಿಟ್ಟು ವಿಮಾನ ನಿಲ್ದಾಣಕ್ಕೆ ಫೋನ್ ಮಾಡಿ, ದೆಹಲಿಗೆ ಹೋಗುವ ವಿಮಾನ ಎಷ್ಟು ಗಂಟೆಗೆ ಇದೆ ಎಂದು ತಿಳಿದುಕೊಳ್ಳಿ.	dayaviṭṭu vimāna nildāṇakke phōn māḍi, dehalige hōguva vimāna eṣṭu gaṇṭege ide eṃdu tiḷidukoḷḷi.
33. I shall come again next month.	ನಾನು ಮುಂದಿನ ತಿಂಗಳು ಮತ್ತೆ ಬರುತ್ತೇನೆ.	nānu mundina tiṅgaḷu matte baruttēne.
34. Thanks for the excellent services provided by you.	ನೀವು ಮಾಡಿದ ಉತ್ತಮವಾದ ಸೇವಗೆ ಧನ್ಯವಾದಗಳು.	nīvu māḍida uttamavāda sēvage dhanyavādagama.
35. You are welcome, sir.	ನಿಮಗೆ ಸ್ವಾಗತ ಸ್ವಾಮಿ.	nimage svāgata svāmi.

36TH STEP 36 ನೆಯ ಹಂತ

POST OFFICE/ TELEPHONE/BANK

ಅಂಚೆ ಕಛೇರಿ / ದೂರವಾಣಿ / ಬ್ಯಾಂಕು

Post Office ಅಂಚೆ ಕಛೇರಿ

1. Where can I find a post office?	ಅಂಚೆ ಕಛೇರಿಯನು– ನಾನು ಎಲ್ಲಿ ಕಾಣಬಹುದು?	aṃce kachēriyannu nānu elli kāṇabahudu?
2. Please weigh this parcel.	ಈ ಅಂಚೆಯ ತೂಕವನು– ಹಾಕಿ.	ī aṃceya tūkavannu hāki.
3. I want to send some money by money order.	ನಾನು ಮನಿ ಆರ್ಡರ್ ಮೂಲಕ ಸ್ವಲ್ಪ ಹಣವನು– ಕಳುಹಿಸಬೇಕಾಗಿದೆ.	nānu mani ārḍar mūlaka svalpa haṇavannu kaḷuhisabēkāgide.
4. I want to deposit Rs. 200 only.	200 ರೂಪಾಯಿಗಳನು– ಮಾತ್ರ ಜಮಾ ಮಾಡಬೇಕಾಗಿದೆ.	200 rūpāyigaḷannu mātra jamā māḍabēkāgide.
5. I want to draw out Rs.300 hundred only.	ನಾನು 300 ರೂಪಾಯಿಗಳನು– ತೆಗೆಯಬೇಕಾಗಿದೆ.	nānu 200 rūpāyigaḷannu tegeyabēkāgide.
6. Please give me an Inland Letter.	ದಯವಿಟ್ಟು ನನಗೆ ಒಂದು ಅಂತರ್ ದೇಶೀಯ ಪತ್ರವನು– ಕೊಡಿ.	dayaviṭṭu nanage oṃdu aṃtar dēśīya patravannu koḍi.
7. How much does an envelope cost?	ಒಂದು ಲಕೋಟೆಗೆ ಎಷ್ಟು ಹಣವಾಗುತ್ತದೆ?	oṃdu lakōṭege eṣṭu haṇavāguttade?
8. I want to send it by registered post.	ನಾನು ಇದನು– ರೆಜಿಸ್ಟರ್ಡ್ ಅಂಚೆ ಮೂಲಕ ಕಳುಹಿಸಬೇಕು.	nānu idannu rejisṭarḍ aṃce mūlaka kaḷuhisabēku.
9. How much should I give for a post card?	ಒಂದು ಅಂಚೆ ಕಾರ್ಡ್‌ಗೆ ನಾನೆಷ್ಟು ಕೊಡಬೇಕು?	oṃdu aṃce kārḍ nāneṣṭu koḍabēku?
10. Please give me one rupee postal stamp.	ಒಂದು ರೂಪಾಯಿಯ ಒಂದು ಅಂಚೆ ಚೀಟಿಯನು– ದಯವಿಟ್ಟು ಕೊಡಿ.	oṃdu rūpāyiya oṃdu aṃce cīṭiyannu dayaviṭṭu koḍi.

11. I want to send a telegram.	ನಾನು ಒಂದು ತಂತಿಯನು– ಕಳುಹಿಸಬೇಕು.	nānu oṃdu tantiyannu kaḷuhisabēku.
12. I want to send some money telegraphically.	ನಾನು ಸ್ವಲ್ಪ ಹಣವನು– ತಂತಿಯ ಮೂಲಕ ಕಳುಹಿಬೇಕು.	nānu svalpa haṇavannu tantiya mūlaka kaḷuhibēku.
13. Please give me an aerogram for France.	ನನಗೆ ದಯವಿಟ್ಟು ಫ್ರಾನ್ಸ್‌ಗೆ ಒಂದು ವಾಯುತಂತಿಯನು– ಕೊಡಿ.	nanage dayaviṭṭu phrānsge oṃdu vāyu tantiyannu koḍi.
14. Please give me the telephone directory.	ದಯವಿಟ್ಟು ನನಗೆ ಟೆಲಿಫೋನ್ ಡೈರೆಕ್ಟರಿಯನು– ಕೊಡಿ.	dayaviṭṭu nanage ṭeliphōn ḍairekṭariyannu koḍi.

Telephone ದೂರವಾಣಿ

15. Where can I give a call?	ನಾನು ಎಲ್ಲಿಗೆ ಫೋನ್ ಮಾಡಲಿ?	nānu ellige phōn māḍali?
16. This telephone is out of order.	ಈ ದೂರವಾಣಿ ಕೆಲಸ ಮಾಡುತ್ತಿಲ್ಲ.	ī dūravāṇi kelasa māḍuttilla.
17. I want to book a trunk call for Bhubaneswar.	ನಾನು ಬುಬನೇಶ್ವರ್‌ಗೆ ಒಂದು ಟ್ರಂಕ್ ಕಾಲ್ ಅನು– ಕಾಯ್ದಿರಿಸಬೇಕು.	nānu bubanēśvarge oṃdu ṭraṅk kāl annu kāydirisabēku.
18. Hello, this is Abha here.	ಹಲೋ! ಆಭಾ ಮಾತುನಾಡುತ್ತಿದ್ದೇನೆ.	halō! ābhā mātunāḍuttiddēne.
19. May I talk to Minakshi?	ಮೀನಾಕ್ಷಿಯವರೊಂದಿಗೆ ಮಾತನಾಡಬಹುದೇ?	mīnākṣiyavarondige mātanāḍabahudē?
20. Hello, Minakshi speaking.	ಹಲೋ! ಮೀನಾಕ್ಷಿ ಮಾತನಾಡುತ್ತಿದ್ದೇನೆ.	halō! mīnākṣi mātanāḍuttiddēne.
21. Please ring me at 8 o'clock.	ದಯವಿಟ್ಟು ನನಗೆ 8 ಗಂಟೆಗೆ ಫೋನ್ ಮಾಡಿ.	dayaviṭṭu nanage 8 gaṇṭege phōn māḍi.

Bank ಬ್ಯಾಂಕ್

22. Where is the Indian Overseas Bank?	ಇಂಡಿಯನ್ ಓವರ್‌ಸೀಸ್ ಬ್ಯಾಂಕ್ ಎಲ್ಲಿದೆ?	iṃdiyan ōvarsīs byāṅk ellide?
23. Can I meet the manager?	ನಿರ್ವಹಣಾಧಿಕಾರಿಯನು– ನಾನು ಭೇಟಿಯಾಗಬಹುದೇ?	nirvahaṇādhikāriyamna nānu bhēṭiyā gabahudē?
24. I want to open a savings bank account.	ನಾನು ಒಂದು ಉಳಿತಾಯ ಖಾತೆಯನು– ಪ್ರಾರಂಭಿಸಬೇಕಾಗಿದೆ.	nānu oṃdu uḷitāya khāteyannu prārambhisabēkāgide.

25. Please open a current account in the name of my firm.	ದಯವಿಟ್ಟು ಕರೆಂಟ್ ಅಕೌಂಟನು– ನನ– ಸಂಸ್ಥೆಯ ಹೆಸರಿನಲ್ಲಿ ತೆರೆಯಿರಿ.	dayavimṭa current akount nanna saṃstheya hesarinalli tereyiri.
26. I want to deposit money.	ನಾನು ಹಣವನು– ಜಮಾ ಮಾಡಬೇಕು.	nānu haṇavannu jamā māḍabēku.
27. I want to draw out money.	ನಾನು ಹಣವನು– ತೆಗೆಯಬೇಕು.	nānu haṇavannu tegeyabēku.
28. Please give me an open cheque.	ದಯವಿಟ್ಟು ಒಂದು ಬಿಡಿ ಚೆಕ್ ಅನು– ಕೊಡಿ.	dayaviṭṭu oṃdu biḍi cek annu koḍi.
29. Please issue me a cheque book containing ten cheques.	ದಯವಿಟ್ಟು ನನಗೆ ಹತ್ತು ಚೆಕ್‌ಗಳನು– ಒಳಗೊಂಡ ಒಂದು ಚೆಕ್‌ಪುಸ್ತಕವನು– ಕೊಡಿ.	dayaviṭṭu nanage hattu cekgaḷannu oḷagoṇḍa oṃdu cekpustakavannu koḍi.
30. Please tell me the balance of my account.	ದಯವಿಟ್ಟು ನನ– ಖಾತೆಯಲ್ಲಿ ಎಷ್ಟು ಹಣ ಉಳಿದಿದೆ ಎಂದು ಹೇಳಿ.	dayaviṭṭu nanna khāteyalli eṣṭu haṇa uḷidide eṃdu hēḷi.
31. Please complete my pass book.	ದಯವಿಟ್ಟು ನನ– ಪಾಸ್ ಬುಕ್ ಅನು– ಪೂರ್ಣಗೊಳಿಸಿ.	dayaviṭṭu nanna pās buk annu pūrṇagoḷisi.
32. I want a loan for buying a colour television.	ನನಗೆ ಕಲರ್ ಟಿ.ವಿ ಕೊಳ್ಳಲು ಸ್ವಲ್ಪ ಹಣ ಸಾಲವಾಗಿ ಬೇಕಾಗಿದೆ.	nanage kalar ṭi.vi koḷḷalu svalpa haṇa sālavāgi bēkāgide.
33. I want to meet the agent.	ನಾನು ಏಜಂಟ್ ಅನು– ಭೇಟಿಯಾಗಬೇಕಾಗಿದೆ.	nānu ējaṇṭ annu bhēṭiyāgabēkāgide.
34. Have any of my cheques been dishonoured?	ನನ–ವು ಯಾವುದಾದರೂ ಸ್ವೀಕರಿಸಲಾಗದಂತ ಚೆಕ್ ಇದೆಯೇ?	nannavu yāvudādarū svīkarisalāgadanta cek ideyē?
35. This bank's service is very good.	ಈ ಬ್ಯಾಂಕಿನ ಸೇವೆ ತುಂಬಾ ಚೆನಾ–ಗಿದೆ.	ī byāṅkina sēve tumbā cennāgide.

37TH STEP 37 ನೆಯ ಹಂತ

WHILE TRAVELLING

ಪ್ರಯಾಣ ಮಾಡುವಾಗ

1. I am going out for a ride.	ನಾನು ಕುದುರೆ ಸವಾರಿ ಹೋಗುತ್ತಿದ್ದೇನೆ	nānu kudure savāri hōguttiddēne
2. Where is the stable?	ಅಶ್ವಶಾಲೆ ಎಲ್ಲಿದೆ?	aśvaśāle ellide?
3. I want to dis mount for a while.	ನಾನು ಸ್ವಲ್ಪಹೊತ್ತು ಇಳಿಯಬೇಕು.	nānu svalpahottu iḷiyabēku.
4. Don't whip him.	ಅವನನು– ಬಾರಿಸಬೇಡ.	avanannu bārisabēḍa.
5. Give him some grass.	ಅವನಿಗೆ ಸ್ವಲ್ಪ ಹುಲ್ಲನು– ಕೊಡಿ.	avanige svalpa hullannu koḍi.
6. Take off the spurs.	ಹಿಮ್ಮಡಿ ಮುಳ್ಳನು– ತೆಗೆದುಬಿಡಿ.	himmaḍi muḷḷannu tegedubiḍi.
7. I wish to go by car.	ನಾನು ಕಾರಲ್ಲಿ ಹೋಗಲು ಇಷ್ಟಪಡುತ್ತೇನೆ.	nānu kāralli hōgalu iṣṭapaḍuttēne.
8. Its wheel is not good.	ಅದರ ಚಕ್ರ ಚೆನಾ–ಗಿಲ್ಲ.	adara cakra cennāgilla.
9. Where does this road lead to?	ಈ ರಸ್ತೆ ಎಲ್ಲಿಗೆ ಹೋಗುತ್ತದೆ?	ī raste ellige hōguttade?
10. Leave the car here.	ಕಾರನು– ಇಲ್ಲಿ ಬಿಡಿ.	kārannu illi biḍi.
11. Parking is prohibited.	ವಾಹನ ನಿಲುಗಡೆ ನಿಷೇಧ.	vāhana nilugaḍe niṣēdha.
12. Does this tramway pass near the railway	ಟ್ರಾಮ್ ರಸ್ತೆಯು ರೈಲ್ವೇ ನಿಲ್ದಾಣವನು– ದಾಟುತ್ತದೆಯೇ?	ṭrām rasteyu railvē nildāṇavannu dāṭuttadeyē?
13. When will this bus start?	ಈ ಬಸ್ ಎಷ್ಟು ಗಂಟೆಗೆ ಹೊರಡುತ್ತದೆ?	ī bas eṣṭu gaṇṭege horaḍuttade?
14. Let me know when we shall reach Kashmir.	ನಾವು ಕಾಶ್ಮೀರನು– ಯಾವಾಗ ತಲುಪುತ್ತೇವೆಂದು ತಿಳಿದುಕೊಳ್ಳಬಹುದೇ?	nāvu kāśmīrannu yāvāga taluputtēvendu tiḷidukoḷḷabahudē?

15. I wish to roam by shikara.	ನಾನು ಬೇಟೆಯಾಡಲು ಇಷ್ಟಪಡುತ್ತೇನೆ.	nānu bēṭeyāḍalu iṣṭapaḍuttēne.
16. Where is the booking office?	ಕಾಯ್ದಿರಿಸುವ ಕಾರ್ಯಾಲಯ ಎಲ್ಲಿದೆ?	kāydirisuva kāryālaya ellide?
17. Is there anything worth seeing?	ಇಲ್ಲಿ ನೋಡಲು ಏನಾದರೂ ಉಪಯೋಗವಾಗುವಂತ ಸ್ಥಳಗಳಿವೆಯೇ?	illi nōḍalu ēnādarū upayōgavāguvanta sathiḷagaḷiveyē?
18. Kindly move a little.	ದಯವಿಟ್ಟು ಸ್ವಲ್ಪ ಸರಿಯಿರಿ.	dayaviṭṭu svalpa sariyiri.
19. I am going to Bombay today.	ನಾನು ಈ ದಿನ ಮುಂಬೈಗೆ ಹೋಗುತ್ತಿದ್ದೇನೆ.	nānu ī dina mumbaige hōguttiddēne.
20. When does the next train start?	ಮುಂದಿನ ರೈಲು ಯಾವಾಗ ಹೊರಡುತ್ತದೆ?	mundina railu yāvāga horaḍuttade?
21. Where is the luggage booking office?	ಸಾಮಾನು ಕಾಯ್ದರಿಸುವ ಕಛೇರಿ ಎಲ್ಲಿದೆ?	sāmānu kāydarisuva kachēri ellide?
22. How much is to be paid for luggage?	ಸಾಮಾನುಗಳಿಗೆ ಎಷ್ಟು ಹಣ ಕೊಡಬೇಕು?	sāmānugaḷige eṣṭu haṇa koḍabēku?
23. Get my seat reserved.	ನನ– ಜಾಗವನು– ಕಾಯ್ದಿರಿಸಿ.	nanna jāgavannu kāydirisi.
24. Where is the platform No. 6?	ಪ್ಲಾಟ್‌ಫಾರ್ಮ್ ನಂ. 6 ಎಲ್ಲಿದೆ?	plāṭphārm naṃ.6 ellide?
25. Over the bridge.	ಸೇತುವೆಯ ಮೇಲುಗಡೆ.	sētuveya mēlugaḍe.
26. Please go by the underground passage.	ದಯವಿಟ್ಟು ಸುರಂಗ ಮಾರ್ಗದಲ್ಲಿ ನಡೆಯಿರಿ.	dayaviṭṭu suraṅga mārgadalli naḍeyiri.
27. There is a dining car in the train	ರೈಲಿನಲ್ಲಿ ಒಂದು ಊಟದ ಅಂಕಣವಿದೆ.	railinalli oṃdu ūṭada aṃkaṇavide.
28. There is no seat available.	ಕುಳಿತುಕೊಳ್ಳಲು ಸೀಟು ಖಾಲಿ ಇಲ್ಲ.	kuḷitukoḷḷalu sīṭu khāli illa.
29. The bus is very crowded.	ಬಸ್ ಜನರಿಂದ ತುಂಬಿದೆ.	bas janarinda tumbide.
30. Do not get down from the bus.	ಚಲಿಸುವ ಬಸ್‌ನಿಂದ ಕೆಳಗಿಳಿಯಬೇಡಿ.	calisuva basninda keḷagiḷiyabēḍi.
31. Our bus is in motion.	ನಮ್ಮ ಬಸ್ಸು ಚಾಲನೆಯಲ್ಲಿದೆ	namma bassu cālaneyallide

32. How much fare do you charge for a child?	ಒಂದು ಮಗುವಿಗೆ ನೀವೆಷ್ಟು ದರ ನಿಗದಿಪಡಿಸಿದ್ದೀರಿ?	oṃdu maguvige nīvesṭu dara nigadipaḍisiddīri?
33. Take me to the aerodrome.	ನನ್ನನ್ನು ವಿಮಾನ ನಿಲ್ದಾಣಕ್ಕೆ ಕರೆದು ಕೊಂಡು ಹೋಗಿ.	nannannu vimāna nildāṇakke karedukoṇḍu hōgi.
34. Please issue me a return ticket for Singapore.	ದಯವಿಟ್ಟು ನನಗೆ ಸಿಂಗಪೂರ್‌ನಿಂದ ವಾಪಸ್ ಆಗಲು ಟಿಕೇಟನ್ನು ನೀಡಿರಿ.	dayaviṭṭu nanage siṅgapūrninda vāpas āgalu ṭikēṭannu nīḍiri.
35. Our plane reached Singapore in time.	ನಮ್ಮ ವಿಮಾನ ಸಮಯಕ್ಕೆ ಸರಿಯಾಗಿ ಸಿಂಗಪೂರನ್ನು ತಲುಪಿತು.	namma vimāna samayakke sariyāgi siṅgapūrannu talupitu.

38TH STEP 38 ನೆಯ ಹಂತ

HEALTH AND HYGIENE

ಆರೋಗ್ಯ ಮತ್ತು ಸ್ವಾಸ್ಥ್ಯ ರಕ್ಷಣೆ

1. Health is wealth.	ಆರೋಗ್ಯವೇ ಭಾಗ್ಯ.	ārōgyavē bhāgya.
2. Prevention is better than cure.	ಚಿಕಿತ್ಸೆಯನು– ಪಡೆಯುವುದಕ್ಕಿಂತ ಮುಂಚೆ ಕಾಯಿಲೆ ಬರುವುದನು– ತಡೆಗಟ್ಟುವುದು ಒಳ್ಳೆಯದು.	cikitseyznnu paḍeyuvudakkinta munche kāyile baruvudannu taḍega ṭṭuvudu oḷḷeyadu.
3. She is very tired.	ಅವಳು ತುಂಬಾ ಸುಸ್ತಾಗಿದ್ದಾಳೆ.	avaḷu tumbā sustāgiddāḷe.
4. My health has broken down.	ನನ– ಆರೋಗ್ಯ ತೀರ ಹದಗೆಟ್ಟಿದೆ.	nanna ārōgya tīra hadageṭṭide.
5. He has recovered.	ಅವರ ಆರೋಗ್ಯ ಈಗ ಸ್ವಲ್ಪ ಚೇತರಿಸಿದೆ.	avara ārōgya īga svalpa cētariside.
6. I am feeling sleepy.	ನನಗೆ ನಿದ್ದೆ ಬರುತ್ತಿದೆ.	nanage nidde baruttide.
7. We should not sleep during the day.	ನಾವು ಹಗಲಿನಲ್ಲಿ ನಿದ್ದೆ ಮಾಡಬಾರದು.	nāvu hagalinalli nidde māḍabāradu.
8. Will you come for a walk?	ನೀವು ನಡೆದಾಡುವುದಕ್ಕೆ ಬರುತ್ತೀರಾ?	nīvu naḍedāḍuvudakke baruttīrā?
9. He is better than he was yesterday.	ಅವರು ನಿನೆ–ಗಿಂತ ಈ ದಿನ ಉತ್ತಮ.	avaru ninneginta ī dina uttama.
10. I am not well today.	ನನಗೆ ಈ ದಿನ ಆರೋಗ್ಯ ಸರಿಯಿಲ್ಲ.	nanage ī dina ārōgya sariyilla.
11. Will you not take the medicines?	ನೀವು ಔಷಧಿಗಳನು– ತೆಗೆದುಕೊಳ್ಳುವುದಿಲ್ಲವೆ?	nīvu auṣadhigaḷannu tegedukoḷḷuvudillave?
12. How is your father?	ನಿಮ್ಮ ತಂದೆಯವರು ಹೇಗಿದ್ದಾರೆ?	nimma tandeyavru hēgiddāre?

Doctor & Patient ವೈದ್ಯ ಮತ್ತು ರೋಗಿ

13. Let me feel your pulse.	ನಿಮ್ಮ ನಾಡಿಬಡಿತವನು– ನೋಡೋಣ.	nimma nāḍibaḍitavannu nōḍōṇa.
14. I am feeling out of sorts today.	ಈ ದಿನ ನನ– ಆರೋಗ್ಯ ಕೆಟ್ಟಿದೆ.	ī dina nanna ārōgya keṭṭide.
15. The patient is sinking.	ರೋಗಿಯು ತುಂಬಾ ನಿಶ್ಯಕ್ತರಾಗಿದ್ದಾರೆ.	rōgiyu tumbā niśyaktarāgiddāre.
16. I suffer from indigestion.	ನಾನು ಅಜೀರ್ಣದಿಂದ ಕಷ್ಟಪಡುತ್ತಿದ್ದೇನೆ.	nānu ajīrṇadinda kaṣṭapaḍuttiddēne.
17. She feels nausea.	ಅವಳಿಗೆ ವಾಂತಿ ಬರುವ ಹಾಗಿದೆ.	avaḷige vānti baruva hāgide.
18. Do you feel dizzy?	ನಿಮಗೆ ತಲೆ ಸುತ್ತುವ ಹಾಗಿದೆಯೇ?	nimage tale suttuva hāgideyē?
19. She is out of danger now.	ಅವರು ಅಪಾಯದಿಂದ ಪಾರಾಗಿದ್ದಾರೆ.	avaru apāyadinda pārāgiddāre.
20. The child is cutting the teeth.	ಮಗು ಹಲ್ಲನು– ಕತ್ತರಿಸುತ್ತಿದೆ.	magu hallannu kattarisuttide.
21. How many does have you taken?	ಎಷ್ಟು ಸಲ ಔಷಧಿಯನು– ನೀವು ತೆಗೆದುಕೊಂಡಿರಿ?	eṣṭu sala auṣadhiyannu nīvu tegedukoṇḍiri?
22. I suffer from severe constipation.	ನಾನು ತೀವ್ರ ಮಲಬದ್ಧತೆಯಿಂದ ನರಳುತ್ತಿದ್ದೇನೆ.	nānu tīvra malabaddhateyinda naraḷuttiddēne.
23. You had a chronic fever.	ನಿಮಗೆ ತೀವ್ರವಾದ ಜ್ವರವಿತ್ತು.	nimage tīvravāda jvaravittu.
24. I have a sore throat.	ನನಗೆ ಗಂಟಲು ಹುಣ್ಣಾಗಿದೆ.	nanage ganṭalu huṇṇāgide.
25. Had she a headache?	ಅವಳಿಗೆ ತಲೆನೋವಿತ್ತೇ?	avaḷige talenōvittē?
26. She has pain in her stomach.	ಅವಳಿಗೆ ಹೊಟ್ಟೆಯಲ್ಲಿ ನೋವಿದೆ.	avaḷige hoṭṭeyalli nōvide
27. Is he suffering from cold?	ಅವನಿಗೆ ನೆಗಡಿ ಆಗಿದೆಯೇ?	avanige negaḍi āgideyē?
28. Show me your tongue.	ನಿಮ್ಮ ನಾಲಗೆಯನು– ತೋರಿಸಿ.	nimma nālageyannu tōrisi.
29. She has lost her appetite.	ಅವಳು ಹೊಟ್ಟೆ ಹಸಿವನು– ಕಳೆದುಕೊಂಡಿದ್ದಾಳೆ.	avaḷu hoṭṭe hasivannu kaḷedukoṇḍiddāḷe.

30. I have got a boil.	ನನಗೆ ಬೊಕ್ಕೆ ಬಂದಿದೆ.	nanage bokke bandide.
31. Her gums are bleeding.	ಅವಳಿಗೆ ಒಸಡಿನಲ್ಲಿ ರಕ್ತ ಸೋರುತ್ತಿದೆ.	avaḷige osaḍinalli rakta sōruttide.
32. Send for a doctor.	ವೈದ್ಯರನು– ಕರೆಸಿ.	vaidyarannu karesi.
33. She has pain in the liver.	ಅವಳಿಗೆ ಯಕೃತ್ತಿನಲ್ಲಿ ನೋವಿದೆ.	avaḷige yakṛttinalli nōvide.
34. You shall have some motions.	ನಿಮಗೆ ಹಲವಾರು ಸಲ ಮಲವಿಸರ್ಜನೆಯಾಗಬಹುದು.	nimage halavāru sala malavisarjaneyāgabahudu.
35. The physician will call the next morning.	ವೈದ್ಯರು ಮರುದಿನ ಬೆಳಿಗ್ಗೆ ಕರೆಯುತ್ತಾರೆ.	vaidyaru marudina beḷigge kareyuttāre.

39TH STEP 39 ನೆಯ ಹಂತ

WEATHER

ಹವಾಮಾನ

1. It is spring.	ಈಗ ವಸಂತ ಋತುವಿನ ಕಾಲ.	īga vasanta ṛtuvina kāla.
2. It is summer.	ಈಗ ಬೇಸಿಗೆ ಕಾಲ.	īga bēsige kāla.
3. It is autumn.	ಈಗ ಶರತ್ಕಾಲ.	īga śaratkāla.
4. It is winter.	ಈಗ ಚಳಿಗಾಲ.	īga caḷigāla.
5. It is very hot today.	ಈ ದಿನ ತುಂಬಾ ಶೆಖೆಯಾಗುತ್ತಿದೆ.	ī dina tumbā śekheyāguttide.
6. It is a very cold day.	ಈ ದಿನ ತುಂಬಾ ಚಳಿಯಾಗುತ್ತಿದೆ.	ī dina tumbā caḷiyāguttide.
7. This is fine weather.	ಇದು ತುಂಬಾ ಒಳ್ಳೆಯ ಹವಾಮಾನ.	idu tumbā oḷḷeya havāmāna.
8. What a wretched day!	ಎಂಥಹ ಕೆಟ್ಟ ದಿನ!	eṃthaha keṭṭa dina!
9. It is raining.	ಮಳೆ ಬರುತ್ತಿದೆ.	maḷe baruttide.
10. It is drizzling.	ಹನಿಯುತ್ತಿದೆ.	haniyuttide.
11. Has the moon risen?	ಆಕಾಶದಲ್ಲಿ ಚಂದ್ರನ ಉದಯವಾಯಿತೇ?	ākāśadalli candrana udayavāyitē?
12. It has stopped raining.	ಮಳೆ ಬರುವುದು ನಿಂತಿದೆ.	maḷe baruvudu nintide.
13. She will catch a cold.	ಅವಳಿಗೆ ಶೀತವಾಗುತ್ತದೆ.	avaḷige śītavāmattade.
14. Is it still raining?	ಇನ್ನೂ– ಮಳೆ ಬರುತ್ತಿದೆಯೇ?	innū maḷe baruttideyē?
15. In the rainy season, we wear a raincoat.	ನಾವು ಮಳೆಗಾಲದಲ್ಲಿ ರೇನ್ ಕೋಟನು– ಧರಿಸುತ್ತೇವೆ.	nāvu maḷegāladalli rēn kōṭannu dharisuttēve.
16. I am shivering.	ನಾನು ನಡುಗುತ್ತಿದ್ದೇನೆ.	nānu naḍuguttiddēne
17. I am perspiring.	ನಾನು ಬೆವರುತ್ತಿದ್ದೇನೆ.	nānu bevamattiddēne.
18. I am drenched.	ನಾನು ಒದ್ದೆಯಾಗಿದ್ದೇನೆ.	nānu oddeyāgiddēne.
19. Cool air is blowing.	ತಣ್ಣನೆಯ ಗಾಳಿ ಬೀಸುತ್ತಿದೆ.	taṇṇaneya gāḷi bīsuttide.
20. What a strong wind!	ಎಂತಹ ಬಿರುಗಾಳಿ!	eṃtaha birugāḷi!

21. The weather is changing.	ಹವಾಮಾನ ಬದಲಾಗುತ್ತಿದೆ.	havāmāna badalāguttide.
22. The sky is cloudy.	ಆಕಾಶ ಮೋಡಗಳಿಂದ ಕೂಡಿದೆ.	ākāśa mōḍagaḷinda kūḍide.
23. The sky is clear.	ಆಕಾಶ ಶುದ್ಧವಾಗಿದೆ.	ākāśa śuddhavāgide.
24. There is lightning.	ಮಿಂಚುತ್ತಿದೆ.	miñcuttide.
25. It thunders.	ಗುಡುಗುತ್ತಿದೆ.	guḍuguttide.
26. The sun is invisible.	ಸೂರ್ಯ ಕಾಣಿಸುತ್ತಿಲ್ಲ.	sūrya kāṇisuttilla.
27. It is like a spring day.	ಈ ದಿನ, ವಸಂತ ಋತುವಿನ ಒಂದು ದಿನದಂತಿದೆ.	ī dina, vasanta ṛtuvina oṃdu dinadantide.
28. The heat is unbearable.	ಶಾಖವನು– ತಾಳಲು ಅಸಾಧ್ಯವಾಗಿದೆ.	śākhavannu tāḷalu asādhyavāgide.
29. It is later part of the night.	ಇದು ರಾತ್ರಿಯ ಮಧ್ಯಭಾಗದ ನಂತರದ ಸಮಯವಾಗಿದೆ.	idu rātriya madhyabhāgada nantarada samayavāgide.
30. How beautiful the rainbow is!	ಕಾಮನಬಿಲ್ಲು ಎಷ್ಟು ಸುಂದರವಾಗಿದೆ!	kāmanabillu eṣṭu sundaravāgide!
31. It is raining heavily.	ಮಳೆ ಭಯಂಕರವಾಗಿ ಸುರಿಯುತ್ತಿದೆ.	maḷe bhayaṅkaravāgi suriyuttide.
32. It is hailing badly.	ಮಳೆಯಲ್ಲಿ ಆಲಿಕಲ್ಲುಗಳು ಬೀಳುತ್ತಿವೆ.	maḷeyalli ālikallugaḷu bīḷuttive.
33. Would you like an umbrella	ನಿಮಗೆ ಛತ್ರಿ ಬೇಕೇ?	nimage chatri bēkē?
34. How fine the climate is!	ವಾತಾವರಣ ಎಷ್ಟು ಸೊಗಸಾಗಿದೆ!	vātāvaraṇa eṣṭu sogasāgide!

40TH STEP 40 ನೆಯ ಹಂತ

TIME

ಸಮಯ

1. Look at the watch.	ಗಡಿಯಾರವನ್ನು ನೋಡಿ.	gaḍiyāravannu nōḍi.
2. What is the time?	ಈಗ ಸಮಯವೆಷ್ಟು?	īga samayavesṭu?
3. What is the time by your watch?	ನಿಮ್ಮ ಗಡಿಯಾರದಲ್ಲಿ ಸಮಯವೆಷ್ಟು?	nimma gaḍiyāradalli samayavesṭu?
4. What o'clock is it?	ಎಷ್ಟು ಗಂಟೆಯಾಯಿತು?	eṣṭu gaṇṭeyāyitu?
5. It is exactly 7 o'clock.	ಈಗ ಸರಿಯಾಗಿ 7 ಗಂಟೆ.	īga sariyāgi 7 gaṇṭe.
6. It is half past nine.	ಈಗ 9 ಗಂಟೆ 30 ನಿಮಿಷಗಳು.	īga 9 gaṇṭe 30 nimiṣagaḷu.
7. It is a quarter past three.	ಈಗ ಮೂರೂಕಾಲು ಗಂಟೆ.	īga mūrūkālu gaṇṭe.
8. It is a quarter to four.	ಈಗ ಮೂರೂ ಮುಕ್ಕಾಲು ಗಂಟೆ.	īga mūrū mukkālu gaṇṭe.
9. It is five minutes past five.	ಈಗ 5 ಗಂಟೆ 5 ನಿಮಿಷಗಳಾಗಿವೆ.	īga 5 gaṇṭe 5 nimiṣagaḷāgive.
10. It is ten minutes to six.	ಆರು ಗಂಟೆಗೆ ಹತ್ತು ನಿಮಿಷಗಳಿವೆ.	āru gaṇṭege hattu nimiṣagaḷive.
11. It is already half past four.	ಈಗಾಗಲೇ ನಾಲ್ಕೂವರೆ ಗಂಟೆಯಾಗಿದೆ.	īgāgalē nālkūvare gaṇṭeyāgiḍe.
12. She will reach at one fifteen.	ಅವಳು ಒಂದೂಕಾಲು ಗಂಟೆಗೆ ತಲುಪುತ್ತಾಳೆ.	avaḷu ondūkālugaṇṭege taluputtāḷe.
13. We reached the office at twenty-five minutes past ten.	ನಾವು ಆಫೀಸನ್ನು ಹತ್ತು ಗಂಟೆ ಇಪ್ಪತ್ತೈದು ನಿಮಿಷಕ್ಕೆ ತಲುಪಿದೆವು.	nāvu āphīsannu hattu gaṇṭe ippattaidu nimiṣakke talupidevu.
14. The bank was looted in broad daylight.	ಹಗಲಿನಲ್ಲಿಯೇ ಬ್ಯಾಂಕನ್ನು ಲೂಟಿಮಾಡಲಾಯಿತು.	hagalinalliyē byāṅkannu lūṭimāḍalāyitu.
15. The market is closed on Monday.	ಸೋಮವಾರ ಮಾರುಕಟ್ಟೆ ಮುಚ್ಚಿರುತ್ತದೆ.	sōmavāra mārukaṭṭe muciruttade.
16. We take lunch at half past one.	ನಾವು ಮಧ್ಯಾಹ್ನದ ಊಟವನ್ನು ಒಂದೂವರೆ ಗಂಟೆಗೆ ಮಾಡುತ್ತೇವೆ.	nāvu madhyāhnada ūṭavannu oṃdūvare gaṇṭege māḍuttēve.

17. This shop reopens at half past two.	ಈ ಅಂಗಡಿಯು ಎರಡೂವರೆ ಗಂಟೆಗೆ ತೆರೆಯುತ್ತದೆ.	ī aṃgaḍiyu eraḍūvare gaṇṭege tereyuttade.
18. It is 10 A.M.	ಈಗ ಬೆಳಿಗ್ಗೆ ಹತ್ತು ಗಂಟೆಯಾಗಿದೆ.	īga beḷigge hattu gaṇṭeyāgide.
19. We leave the office exactly at 5 P.M.	ನಾವು ಆಫೀಸನ್ನು ಸರಿಯಾಗಿ ಸಾಯಿಂಕಾಲ 5 ಗಂಟೆಗೆ ಬಿಡುತ್ತೇವೆ.	nāvu āphīsannu sariyāgi sāyiṅkāla 5 gaṇṭege biḍuttēve.
20. Is your wrist watch slow?	ನಿಮ್ಮ ಕೈಗಡಿಯಾರವು ನಿಧಾನವಾಗಿ ಓಡುತ್ತಿದೆಯೇ?	nimma kaigaḍiyāravu nidhānavāgi ōḍuttideyē?
21. Is this time-piece fast?	ಈ ಮೇಜಿನ ಗಡಿಯಾರ ವೇಗವಾಗಿ ಓಡುತ್ತಿದೆಯೇ?	ī mējina gaḍiyāra vēgavāgi ōḍuttideyē?
22. Is the office-clock not exact?	ಆಫೀಸಿನಲ್ಲಿರುವ ಗಡಿಯಾರವು ಸರಿಯಾಗಿಲ್ಲವೇ?	āphīsinalliruva gaḍiyāravu sariyāgillavē?
23. My pen watch has stopped.	ನನ್ನ ಲೇಖನಿಯಲ್ಲಿರುವ ಗಡಿಯಾರವು ನಿಂತುಹೋಗಿದೆ.	nanna lēkhaniyalliruva gaḍiyāravu nintuhōgide.
24. It is time to rise.	ಈಗ ಎದ್ದೇಳಲು ಸಮಯವಾಯಿತು.	īga eddēḷalu samayavāyitu.
25. You are half an hour late.	ನೀವು ಅರ್ಧಗಂಟೆ ತಡವಾಗಿ ಬಂದಿದ್ದೀರಿ.	nīvu ardhagaṇṭe taḍavāgi bandiddīri.
26. She is ten minutes early.	ಅವಳು ಹತ್ತು ನಿಮಿಷ ಬೇಗ ಬಂದಿದ್ದಾಳೆ.	avaḷu hattu nimiṣa bēga bandiddāḷe.
27. It is midnight.	ಈಗ ಮಧ್ಯರಾತ್ರಿಯಾಗಿದೆ.	īga madhyarātriyāgide.
28. My mother gets up early in the morning.	ನಮ್ಮ ತಾಯಿಯವರು ಬೆಳಿಗ್ಗೆ ಬೇಗ ಎದ್ದೇಳುತ್ತಾರೆ.	namma tāyiyavama beḷigge bēga eddēḷuttāre.
29. Last month, we were not here.	ಕಳೆದ ತಿಂಗಳು ನಾವು ಇಲ್ಲಿರಲಿಲ್ಲ.	kaḷeda tiṅgaḷu nāvu illiralilla.
30. We shall remain here this month.	ನಾವು ಈ ತಿಂಗಳು ಇಲ್ಲೇ ಉಳಿಯುತ್ತೇವೆ.	nāvu ī tiṅgaḷu illē uḷiyuttēve.
31. I shall go to Simla next month.	ನಾನು ಮುಂದಿನ ತಿಂಗಳು ಶಿಮ್ಲಾಗೆ ಹೋಗುತ್ತೇನೆ.	nānu mundina tiṅgaḷu śimlāge hōguttēne.
32. We have been in trouble since15th August.	ನಾವು ಆಗಸ್ಟ್ 15 ರಿಂದ ಕಷ್ಟದಲ್ಲಿದ್ದೇವೆ.	nāvu āgasṭ 15 rinda kaṣṭadalliddēve.
33. What is the date today?	ಈ ದಿನ ತಾರೀಖು ಎಷ್ಟು?	ī dina tārīkhu eṣṭu ?
34. Why did you come yesterday?	ನೀವು ನಿನ್ನೆ ಏಕೆ ಬಂದಿದ್ದಿರಿ?	nīvu ninne ēke bandiddiri?
35. Come tomorrow at 7 o' clock.	ನಾಳೆ 7 ಗಂಟೆಗೆ ಬನ್ನಿ.	nāḷe 7 gaṇṭege banni.

PART 5 - CONVERSATION

41ST STEP 41 ನೆಯ ಹಂತ

LET US TALK

ನಾವು ಮಾತನಾಡೋಣ

INTRODUCTION ಪರಿಚಯ

How do you do?	ನೀವು ಹೇಗಿದ್ದೀರಿ?	nivu hēgiddīri?
Tell me, please, are you a student?	ದಯವಿಟ್ಟು ಹೇಳಿ, ನೀವು ವಿದ್ಯಾರ್ಥಿಯೇ?	dayavittu hēḷi, nivu vidyārthiyē?
Yes, I am a student.	ಹೌದು. ನಾನು ವಿದ್ಯಾರ್ಥಿ.	haudu.nānu vidyārthi.
What is your name?	ನಿಮ್ಮ ಹೆಸರು ಏನು?	nimma hesaru ēnu?
My name is Pranav Chakaravarti.	ನನ– ಹೆಸರು ಪ್ರಣವ್ ಚಕ್ರವರ್ತಿ.	nana hesaru praṇav cakravarti.
Are you an Assame or a Bengali?	ನೀವು ಅಸ್ಸಾಂನವರೇ ಅಥವಾ ಬಂಗಾಲದವರೇ?	nivu assāṃnvarē athavā baṃgāladavarē?
No, I am a Marathi.	ಇಲ್ಲ, ನಾನು ಒಬ್ಬ ಮರಾಠಿಗ.	illa,nānu oba marāṭhiga.
Tell me, please, who is she?	ದಯವಿಟ್ಟು ಹೇಳಿ, ಅವಳು ಯಾರು?	dayaviṭṭu hēḷi, avaḷu yāru?
She is my friend Abha.	ಅವಳು ನನ– ಗೆಳತಿ ಅಭಾ.	avaḷu nanna geḷati abhā.
Is she a student?	ಅವಳು ವಿದ್ಯಾರ್ಥಿನಿಯೇ?	avaḷu vidyārthiyē?
No, she is a translator and works in the Govt. office.	ಇಲ್ಲ, ಅವಳು ಅನುವಾದಕಳಾಗಿ ಒಂದು ಸರ್ಕಾರಿ ಕಾರ್ಯಾಲಯದಲ್ಲಿ ಕೆಲಸ ಮಾಡುತ್ತಿದ್ದಾಳೆ.	illa, avaḷu anuvādakaḷāgi oṃdu sarkāri kāryāla yadalli kelasa māḍuttiddāḷe.
Thanks, Good-bye.	ಧನ್ಯವಾದಗಳು, ಹೋಗಿ ಬರುತ್ತೇನೆ.	dhanyavādagaḷu, hōgi baruttēne.

ABOUT LEARING A LANGUAGE ಭಾಷೆ ಕಲಿಯುವುದರ ಬಗ್ಗೆ

Hello, do you speak Hindi?	ಹಲೋ, ನೀವು ಹಿಂದಿ ಮಾತನಾಡಬಲ್ಲಿರಾ?	halō, neevu hindi mātanāḍallirā?
Yes, I speak Hindi a little.	ಹೌದು. ನಾನು ಸ್ವಲ್ಪ ಹಿಂದಿಯನು– ಮಾತನಾಡಬಲ್ಲೆ.	haudu.nānu svalpa hindiyannu mātanāḍalle.

You speak Hindi well.	ನೀವು ಹಿಂದಿ ಚೆನಾ–ಗಿ ಮಾತನಾಡುತ್ತೀರ.	neevu hindi cennāgi mātanāḍuttīra.
I am Ashok Kelkar.	ನಾನು ಅಶೋಕ್ ಕೇಲ್ಕರ್.	nānu aśōk kēlkar.
I am studying Hindi in college. I want to speak Hindi well.	ನಾನು ಕಾಲೇಜಿನಲ್ಲಿ ಹಿಂದಿ ಓದುತ್ತಿದ್ದೇನೆ. ನಾನು ಹಿಂದಿ ಚೆನಾ–ಗಿ ಮಾತನಾತಬೇಕು.	nānu kālējinlli hindi ōduttiddēne. nānu hindi cennāgi mātanāḍabēku.
Does your Hindi teacher speak Hindi in class?	ನಿಮ್ಮ ಹಿಂದಿ ಅಧ್ಯಾಪಕರು ತರಗತಿಯಲ್ಲಿ ಹಿಂದಿ ಮಾತನಾಡುತ್ತಾರೆಯೇ?	nimma hindi adhyāpakaru taragatiyalli hindi mātanāḍuttāreyē?
Of course! He speaks Hindi fluently.	ನಿಃಸಂದೇಹವಾಗಿ ! ಅವರು ಹಿಂದಿಯನು– ಬತಳ ಸರಾಗವಾಗಿ ಮಾತನಾಡುತ್ತಾರೆ.	niḥsandēhavāgi ! avaru hindiyannu bahaḷa sarāgavāgi mātanāḍuttāre.
Do you understand when the teacher speaks Hindi?	ಅಧ್ಯಾಪಕರು ಹಿಂದಿಯನು– ಮಾತನಾಡುವಾಗ ನಿಮಗೆ ಅರ್ಥವಾಗುತ್ತದೆಯೇ?	adhyāpakaru hindiyannu mātanāḍuvāga nimage arthavāmattadeyē?
Yes, we understand when he speaks fast.	ಹೌದು, ಅವರು ವೇಗವಾಗಿ ಮಾತನಾಡುವಾಗ ನಾವು ಅರ್ಥಮಾಡಿಕೊಳ್ಳುತ್ತೇವೆ.	haudu, avaru vēgavāgi mātanāḍuvāga nāvu arthamāḍikoḷḷuttēve.
Do you speak Hindi at home?	ನೀವು ಮನೆಯಲ್ಲಿ ಹಿಂದಿ ಮಾತನಾಡುತ್ತೀರಾ?	neevu maneyalli hindi mātanāḍuttīrā?
Of course not! My family members do not speak Hindi. They speak only Marathi. Therefore we speak Marathi at home.	ಇಲ್ಲ ! ನಮ್ಮ ಮನೆಯಲ್ಲಿರುವವರು ಹಿಂದಿಯಲ್ಲಿ ಮಾತನಾಡುವುದಿಲ್ಲ. ಅವರು ಮರಾಠಿ ಮಾತ್ರ ಮಾತನಾಡುತ್ತಾರೆ. ಆದ್ದರಿಂದ ನಾವು ಮರಾಠಿ ಮಾತ್ರ ಮಾತನಾಡುತ್ತೇವೆ.	illa ! namma maneyalliruvavaru hindiyalli mātanāḍu vudilla.avaru marāṭhi mātra mātanāḍuttāre. āddarinda nāvu marāṭhi mātra mātanāḍuttēve.
But you speak Hindi very well!	ಆದರೆ ನೀವು ಹಿಂದಿ ತುಂಬಾ ಚೆನಾ–ಗಿ ಮಾತನಾಮುತ್ತೀರಿ!	ādare neevu hindi tumbā cennāgi mātanāḍuttīri!
Thank you very much!	ತುಂಬಾ ತುಂಬಾ ಧನ್ಯವಾದಗಳು !	tumbā tumbā dhanyavādagalu !

VILLAGE VERSUS CITY ಹಳ್ಳಿ ಮತ್ತು ನಗರದ ನಡುವಣ

You live in the village, but go to the city to work. Do you prefer to live in the village?	ನೀವು ಹಳ್ಳಿಯಲ್ಲಿದ್ದೀರಿ. ಆದರೆ ಕೆಲಸ ಮಾಡಲು ನಗರಕ್ಕೆ ಹೋಗುತ್ತೀರಿ. ನೀವು ಹಳ್ಳಿಯಲ್ಲೇ ಇರಲು ಇಷ್ಟಪಡುತ್ತೀರಾ?	neevu haḷḷiyalliddīri. ādare kelasa māḍalu nagarakke hōguttīri. neevu haḷḷiyallē iralu iṣṭapaḍuttīrā?
Oh, yes! I prefer to live there. But I also like the city.	ಓಹ್ ಹೌದು ! ನಾನು ಅಲ್ಲಿರಲು ಆಧ್ಯತೆ ಕೊಡುತ್ತೇನೆ. ಆದರೆ ನಗರವನ್ನೂ ಇಷ್ಟಪಡುತ್ತೇನೆ.	ōh haudu !nānu alliralu ādhyate koḍuttēne. ādare nagaravannū iṣṭapaḍuttēne.
Why do you like the city? In the city, there are theatres, museums, libraries and university, etc.	ನೀವು ನಗರವನ್ನು ಏಕೆ ಇಷ್ಟ ಪಡುತ್ತೀರಾ? ನಗರದಲ್ಲಿ ಚಿತ್ರಮಂದಿರಗಳು, ಸಂಗ್ರಹಾಲಯಗಳು, ಗ್ರಂಥಾಲಯಗಳು ಮತ್ತು ವಿಶ್ವವಿದ್ಯಾಲಗಳು ಮುಂತಾದುವು ಇರುತ್ತವೆ.	neevu nagaravannu ēke iṣṭa paḍuttīrā? ngaradalli citramandiragaḷu, saṅgrahālayagaḷu, granthālayagaḷu mattu viśvavidyālagaḷu muntāduvu iruttave.
But there are also factories, buses, trucks and cars.	ಆದರೆ ಕಾರ್ಖಾನೆಗಳು, ಬಸ್ಸ್‌ಗಳು, ಲಾರಿಗಳು ಮತ್ತು ಕಾರ್‌ಗಳು ಸಹ ಇರುತ್ತವೆ.	ādare kārkhānegaḷu, bassgaḷu, lārigaḷu mattu kārgaḷu saha iruttave.
Quite right. That is why I prefer to live in the village, although I do work in the city. In the village it is quiet, the air is fresh.	ನಿಜ. ಆದ್ದರಿಂದಲೇ ನಾನು ಹಳ್ಳಿಯಲ್ಲಿ ವಾಸಿಸಲು ಇಷ್ಟಪಡುತ್ತೇನೆ. ನಾನು ನಗರದಲ್ಲಿ ಕೆಲಸ ಮಾಡಿದರೂ, ಹಳ್ಳಿಯಲ್ಲಿ, ಶುದ್ಧವಾದ ಗಾಳಿ ಮತ್ತು ನಿಶ್ಶಬ್ಧವಾದ ವಾತಾವರಣವಿರುತ್ತದೆ.	nija.āddarindalēnānu haḷḷiyalli vāsisalu iṣṭapaḍuttēne.nānu nagaradalli kelasa māḍidarū, haḷḷiyalli, śuddhavāda gāḷi mattu niśśdhavāda vātāvaraṇaviruttade.
40.And does your wife like life in the village?	ಮತ್ತು ನಿಮ್ಮ ಹೆಂಡತಿ ಹಳ್ಳಿ ಜೀವನ ಇಷ್ಟಪಡುತ್ತಾರೆಯೇ?	mattu nimma heṇḍati haḷḷi jīvan iṣṭapaḍuttāreyē?
41.She likes it very much. However, now and then she goes to the city to buy clothes and other things.	ಅವಳು ತುಂಬಾ ಇಷ್ಟಪಡುತ್ತಾಳೆ. ಇದ್ದರೂ ಸಹ, ಬಟ್ಟೆ ಮತ್ತು ಬೇರೇನಾದರೂ ಸಾಮಾನುಗಳಿಗೆ ಆಗಾಗ ಪಟ್ಟಣಕ್ಕೆ ಹೋಗುತ್ತಾಳೆ.	avaḷu tumbā iṣṭapaḍuttāḷe. iddarū saha, baṭṭe mattu bērēnādarū sāmānugaḷige āgāga paṭṭaṇakke hōguttāḷe.

LEARNING OF LANGUAGE ಭಾಷೆ ಕಲಿಯುವುದು

Mr. Nambiar, how are you? Very well, thank you.	ಹಲೋ, ನಂಬಿಯಾರ್ ಅವರೇ ನೀವು ಹೇಗಿದ್ದೀರಿ? ನಾನು ತುಂಬಾ ಕ್ಷೇಮವಾಗಿದ್ದೇನೆ. ಧನ್ಯವಾದಗಳು !	halō,nṃbiyār avarē vu hēgiddīri? nānu tumbā kṣēmavāgiddēne. dhanyavādagaḷu !
And how is your family?	ನಿಮ್ಮ ಕುಟುಂಬದವರು ಹೇಗಿದ್ದಾರೆ?	nimma kuṭunbadavaru hēgiddāre?
Thanks, all are well. By the way, I heard that you have been studying Hindi for sometime now.	ಧನ್ಯವಾದಗಳು! ಎಲ್ಲರೂ ಕ್ಷೇಮವಾಗಿದ್ದಾರೆ. ಹಾಗೆಯೇ, ನೀವು ಸ್ವಲ್ಪ ದಿವಸಗಳಿಂದ ಹಿಂದಿಯನ್ನು ಕಲಿಯುತ್ತಿದ್ದೀರೆಂದು ತಿಳಿದೆ.	dhanyavādagaḷu! ellarū kṣēmavāgiddāre. hāgeyē, neevu svalpa divasagaḷinda hindiyannu kaliyuttiddīrendu tiḷide.
That is true, I want to read, speak and write Hindi.	ಅದು ನಿಜ. ನಾನು ಹಿಂದಿಯನ್ನು ಓದಲು, ಮಾತನಾಡಲು ಮತ್ತು ಬರೆಯಲು. ಕಲಿಯಬೇಕು.	adu nija. nānu hindiyannu ōdalu, mātanāḍalu mattu reyalu. kaliyabēku.
Do you find the Hindi language difficult?	ನಿಮಗೆ ಹಿಂದಿ ಭಾಷೆಯು ಕಷ್ಟವೆನಿಸುತ್ತದೆಯೇ?	nimage hindi bhāṣeyu kaṣṭavemattadeyē?
It seems difficult to foreigners; but I am making progress.	ಅನ್ಯರಿಗೆ ಇದು ಕಷ್ಟವೆನಿಸಬಹುದು. ಆದರೆ ನಾನು ಮುಂದುವರಿಯುತ್ತಿದ್ದೇನೆ.	anyarige idu kaṣṭavesabahudu. ādarenānu munduvariyuttiddēne.
Excellent! You are already speaking Hindi well.	ಅದ್ಭುತ ! ನೀವು ಈಗಾಗಲೇ ಹಿಂದಿಯನ್ನು ತುಂಬಾ ಚೆನ್ನಾಗಿ ಮಾತನಾಡುತ್ತೀರ.	adbhuta ! neevu īgāgalē hindiyannu tumbā cennāgi mātanāḍuttīra.
Thanks! I want to speak better still.	ಧನ್ಯವಾದಗಳು ! ನಾನು ಇನ್ನೂ ಚೆನ್ನಾಗಿ ಮಾತನಾಡಬೇಕು.	dhanyavādagaḷu !nānu innū cennāgi mātanāḍabēku.
Your enthusiasm is praiseworthy.	ನಿಮ್ಮ ಉತ್ಸಾಹವನ್ನು ಪ್ರೋತ್ಸಾಹಿಸಲಾಗಿದೆ !	nimma utsāhavannu prōtsāhisalāgide !

42ND STEP 42 ನೆಯ ಹಂತ

BETWEEN TWO FRIENDS

ಇಬ್ಬರ ಸ್ನೇಹಿತರ ನಡುವೆ

Minakshi—Hello. How are you madam?	ಮೀನಾಕ್ಷಿ– ನಮಸ್ಕಾರ. ಹೇಗಿದ್ದೀರಾ ಶ್ರೀಮತಿಯವರೇ?	mīnākṣi-nmaskāra. hēgiddīrā śrīmatiyavarē?
Garima—Pretty well, thanks. And you?	ಗರೀಮಾ – ತುಂಬಾ ಚೆನ್ನಾಗಿದ್ದೇನೆ. ಧನ್ಯವಾದಗಳು. ನೀವು ಹೇಗಿದ್ದೀರಿ?	garimā - tumbā cennāgiddēne. dhanyavādagḷu. neevu hēgiddīri?
Minakshi—I am fine, thanks.	ಮೀನಾಕ್ಷಿ– ನಾನು ಚೆನ್ನಾಗಿದ್ದೇನೆ. ಧನ್ಯವಾದಗಳು !	mīnākṣi-nānu cennāgiddēne. dhanyavādagama !
Garima—It's good to see you again.	ಗರೀಮಾ – ನಿಮ್ಮನ್ನು ಮತ್ತೆ ನೋಡಲು ಇಷ್ಟಪಡುತ್ತೇನೆ.	garimā - nimmannu mattenōḍalu iṣṭapaḍuttēne.

• • •

Abha—Do you watch television	ಅಭಾ – ನೀವು ಟಿ ವಿ ಯನ್ನು ಅನೇಕ ಸಲ ನೋಡುತ್ತೀರಾ?	abhā - neevu ṭivi yannu anēka sala nōḍuttīrā?
Amit—Well, I sometimes watch it in the evening.	ಅಮಿತ್– ನಾನು ಸಂಜೆಯ ವೇಳಯಲ್ಲಿ ಕೆಲವೊಮ್ಮೆ ನೋಡುತ್ತೇನೆ.	amit-nānu sañjeya vēḷayalli kelavomme nōḍuttēne.
Abha—Did you watch television last night?	ಅಭಾ – ನೀವು ನಿನ್ನೆ ರಾತ್ರಿ ಟಿ.ವಿಯನ್ನು ನೋಡಿದಿರಾ?	abhā - neevu ninne rātri ṭi.viyannu nōḍidirā?
Amit—Yes, I did. I saw several good programmes.	ಅಮಿತ್– ಹೌದು ನೋಡಿದೆ. ಕೆಲವು ಒಳ್ಳೆಯ ಕಾರ್ಯಕ್ರಮಗಳನ್ನು ನೋಡಿದೆ.	amit- haudunōḍide. kelavu oḷḷeya kāryakramagaḷannunōḍide.
Amit—Do you ever listen to the radio?	ಅಮಿತ್ –ನೀವು ಯಾವಾಗಲಾದರೂ ಆಕಾಶವಾಣಿ ಕೇಳುತ್ತೀರೋ?	amit -neevu yāvāgalādarū ākāśavāṇi kēḷuttīrō?

Abha—Certainly, I listen practically every night.	ಅಭಾ –ನಿಶ್ಚಿತವಾಗಿ, ನಾನು ಪ್ರತಿ ರಾತ್ರಿಯೂ ಕೇಳುತ್ತೇನೆ.	abhā -ścitavāgi, nānu prati rātriyū kēḷuttēne.
Amit—What's your favourite programme?	ಅಮಿತ್ – ನಿಮ್ಮ ನೆಚ್ಚಿನ ಕಾರ್ಯಕ್ರಮ ಯಾವುದು?	amit - mmaneccin kāryakrama yāvudu?
Abha—I like vandanvar best of all	ಅಭಾ –ವಂದವಾರ್ ಎಂಬ ಕಾರ್ಯಕ್ರಮವು ಎಲ್ಲದಿಕ್ಕಿಂತಲೂ ಚೆನಾ–ಗಿರುತ್ತದೆ.	abhā -vandavār eṃba kāryakramavu elladikkintalū cennāgiruttade.
•	•	•
Shehnaz—Where did you go?	ಶೆಹನಾಜ್ – ನೀವು ಎಲ್ಲಿ ಹೋಗಿದ್ದಿರಿ?	śehanāj - neevu elli hōgiddiri?
Minaz—We went to a beautiful beach.	ಮಿನಾಜ್– ನಾವು ಸುಂದರವಾದ ಸಮುದ್ರ ತೀರಕ್ಕೆ ಹೋಗಿದ್ದೆವು.	mināj-nāvu sundaravāda samudra tīrakke hōgiddevu.
Shahnaz—Did you swim in the ocean?	ಶೆಹನಾಜ್– ನೀವು ಸಮುದ್ರದಲ್ಲಿ ಈಜಿದಿರೇ?	śehanāj- neevu samudradalli ījidirē?
Minaz—Yes, but I swam close to the shore!	ಮಿನಾಜ್– ಹೌದು. ಆದರೆ ನಾನು ದಡದ ಹತ್ತಿರ ಈಜು ಹೊಡೆದೆ!	mināj- haudu. ādare nānu daḍada hattira īju hoḍede!
•	•	•
Manjula—What are you going to do tonight?	ಮಂಜುಳ–ನೀವು ರಾತ್ರಿಗೆ ಏನು ಮಾಡುತ್ತೀರಿ?	mañjuḷa-vu rātrige ēnu māḍuttīri?
Gaurav—I have not decided yet.	ಗೌರವ್–ನಾನು ಇನ್ನೂ– ನಿರ್ಧರಿಸಿಲ್ಲ.	gaurav-nānu innū nirdharisilla.
Manjula—Would you like to go to the movies?	ಮಂಜುಳ–ನೀವು ಸಿನಿಮಾಗೆ ಹೋಗಲು ಬಯಸುತ್ತೀರಾ?	mañjuḷa-neevu simāge hōgalu bayasuttīrā?
Gaurav—No, I like to go to see a drama	ಗೌರವ್–ಇಲ್ಲ, ನಾನು ನಾಟಕ ನೋಡಲು ಇಷ್ಟಪಡುತ್ತೇನೆ.	gaurav-illa, nānu nāṭaka nōḍalu iṣṭapaḍuttēne.
•	•	•
Manoj—I have to go to the railway station.	ಮನೋಜ್– ನಾನು ರೈಲು ನಿಲ್ದಾಣಕ್ಕೆ ಹೋಗಬೇಕಾಗಿದೆ.	manōj-nānu railu nildāṇakke hōgabēkāgide.

Vikas—Why do you have to go there?	ವಿಕಾಸ್–ನೀವು ಯಾವ ಕಾರಣಕ್ಕಾಗಿ ಹೋಗಬೇಕಾಗಿದೆ?	vikās-vu yāva kāraṇakkāgi hōgabēkāgide?
Manoj—To receive my sister from Bombay.	ಮನೋಜ್–ಮುಂಬೈಯಿಂದ ಬರುವ ನನ– ಸಹೋದರಿಯನು– ಬರಮಾಡಿಕೊಳ್ಳಲು.	manōj-mumbaiyinda baruva nana sahōdariyannu baramāḍikoḷḷalu.
Vikas—Let me take you on my scooter.	ವಿಕಾಸ್– ನನ– ಸ್ಕೂಟರ್‌ನಲ್ಲಿ ಕರೆದುಕೊಂಡು ಹೋಗುತ್ತೇನೆ ಬನಿ–.	vikās- nana skūṭarnlli karedukoṇḍu hōguttēne banni.
•	•	•
Pradip—Are you Dr. Bhartendu?	ಪ್ರದೀಪ್–ನೀವು ಡಾ. ಭರ್ತೇಂದು ಅವರೇ?	pradīp-vu ḍā.bhartēndu avarē?
Manohar—No. That tall fellow is Dr. Bhartendu	ಮನೋಹರ್–ಇಲ್ಲ. ಆ ಉದ್ದನೆಯ ವ್ಯಕ್ತಿಯೇ ಡಾ. ಭರ್ತೇಂದು.	manōhar-illa. ā uddaneya vyaktiyē ḍā.bhartēndu.
Pradip—Do you mean the one over there with spectacles?	ಪ್ರದೀಪ್–ಆ ಕನ–ಡಕ ಧರಿಸಿರುವವರನು– ಹೇಳುತ್ತಿರಾ?	pradīp-ā kannaḍaka dharisiruvavamanna hēḷuttirā?
Manohar—Yes. The one with dark hair.	ಮನೋಹರ್–ಹೌದು. ಕಪ್ಪು ಕೂದಲುಳ್ಳವರು.	manōhar-haudu. kappu kūdaluḷḷavaru.
•	•	•
Inamdar—How long have you been here?	ಇನಾಮ್ದಾರ್–ನೀವು ಇಲ್ಲಿ ಎಷ್ಟು ದಿನಗಳಿಂದ ಇದ್ದೀರಿ?	ināmdār-vu illi eṣṭu dingaḷinda iddīri?
Gopal—I have been here for two weeks.	ಗೋಪಾಲ್–ನಾನು ಎರಡು ವಾರಗಳಿಂದ ಇಲ್ಲಿದ್ದೇನೆ.	gōpāl-nānu eraḍu vāragaḷinda illiddēne.
Inamdar—How often do you get here?	ಇನಾಮ್ಮದಾರ್–ನೀವು ಇಲ್ಲಿಗೆ ಎಷ್ಟು ಸಲ ಬರುತ್ತೀರಿ?	ināmmadār-neevu illige eṣṭu sala ruttīri?
Gopal—I get to this city about twice a year.	ಗೋಪಾಲ್– ನಾನು ವರ್ಷಕ್ಕೆ ಎರಡು ಸಾರಿ ಈ ನಗರಕ್ಕೆ ಬರುತ್ತೇನೆ.	gōpāl-nānu varṣakke eraḍu sāri īngarakke ruttēne.
•	•	•
Anu—Did you have a good vacation?	ಅನು– ನಿಮಗೆ ರಜಾದಿನಗಳು	anu- mage rajādingaḷu cennāgiddave?

	ಚೆನ್ನಾ–ಗಿದ್ದವೆ?	
Satya—Yes, I did. I had a wonderful time.	ಸತ್ಯ–ಹೌದು. ಚೆನಾ–ಗಿದ್ದವು. ಅದ್ಭುತವಾಗಿ ಸಮಯವನು– ಕಳೆದೆ.	satya-haudu. cennāgiddavu. adbhutavāgi samayamanna kaḷede.
Anu—What did you do?	ಅನು–ನೀವು ಏನು ಮಾಡಿದಿರಿ?	anu-neevu ēnu māḍidiri?
Satya—I visited some old friends in New Delhi.	ಸತ್ಯ–ನಾನು ನವದೆಹಲಿಯಲ್ಲಿರುವ ಕೆಲವು ಹಳೆಯ ಸ್ನೇಹಿತರನು– ಭೇಟಿಮಾಡಿದೆ.	satya-nānun vadehaliyalliruva kelavu haḷeya snēhitarannu bhēṭimāḍide.

43RD STEP 43 ನೆಯ ಹಂತ

ABOUT MONEY

ಹಣವನು- ಕುರಿತು

1.How much money do you have?	ನಿಮ್ಮಲ್ಲಿ ಎಷ್ಟು ಹಣವಿದೆ?	nimmalli eṣṭu haṇavide?
—Not very much.	-ತುಂಬಾ ಹೆಚ್ಚಾಗಿ ಏನೂ ಇಲ್ಲ.	-tumbā heccāgi ēnū illa.
×	×	×
2.She looks upset about something.	ಅವಳು ಯಾವುದರ ಬಗ್ಗೆಯೋ ಅಸಮಾಧಾವಾಗಿದ್ದಾರೆ.	avaḷu yāvudara baggeyō asamādhāvāgiddāḷe.
—I think she has lost her money ?	-ಅವಳು ತನ- ಹಣವನು- ಏನಾದರೂ ಕಳೆದುಕೊಂಡಿದ್ದಾರೆ ಎಂದುಕೊಳ್ಳುತ್ತೇನೆ	-avaḷu tanna haṇamanna ēnādarū kaḷedukoṇḍiddāḷe eṃdukoḷḷuttēne
—Are you sure she lost her money?	-ನಿಜವಾಗಿಯೂ ನಿಮಗೆ ಅವರು ಹಣವನು- ಕಳೆದುಕೊಂಡಿದ್ದಾರೆಂದು ಗೊತ್ತೇ?	-nijavāgiyū nimage avaḷa haṇavannu kaḷedukoṇḍiddārendu gottē?
—I am sure she did lose the money.	-ಹೌದು ನಿಜವಾಗಿಯೂ, ಅವರು ಹಣವನು- ಕಳೆದುಕೊಂಡಿದ್ದಾರೆ.	- haudu javāgiyū, avama haṇamanna kaḷedukoṇḍiddāre.
×	×	×
3.How many rupees did you have in your bank?	ನಿಮ್ಮ ಬ್ಯಾಂಕ್‌ನಲ್ಲಿ ಎಷ್ಟು ರೂಪಾಯಿಗಳಿದ್ದವು?	nimma byāṅknlli eṣṭu rūpāyigaḷiddavu?
—I had exactly three hundred rupees.	-ಸರಿಯಾಗಿ ಮುನೂ-ರು ರೂಪಾಯಿಗಳಿದ್ದವು.	-sariyāgi munnūru rūpāyigaḷiddavu.
×	×	×
4.Did you sell your motorcycle?	ನಿಮ್ಮ ವಾಹನವನು- ಮಾರಿಬಿಟ್ಟಿರಾ?	nimma vāhanvannu māribiṭṭirā?
—Yes, I sold it to Anupam.	-ಹೌದು. ನನ- ಸ್ನೇಹಿತ ಅನುಪಮನಿಗೆ ಮಾರಿಬಿಟ್ಟೆ.	-haudu. nanna snēhita anupamanige māribiṭṭe.
		neevu nanage ainūru
×	×	×

5.Could you lend me one hundred rupees until tomorrow?	ನೀವು ನನಗೆ ಐನೂರು ರೂಪಾಯಿಗಳನು– ನಾಳೆಯವರೆಗೂ ಕೊಡಬಲ್ಲಿರಾ?	rūpāyigaḷannu nāḷeyavaregū koḍaballirā?
—No, I could	–ಇಲ್ಲ. ನನಿ–ಂದ ಆಗುವುದಿಲ್ಲ.	-illa.nanninda āguvudilla.
×	×	×
6.Could you spare six hundred rupees?	ನೀವು ಆರುನೂರು ರೂಪಾಯಿಗಳನು– ಕೊಡುಬಲ್ಲಿರಾ?	neevu ārunūru rūpāyigaḷannu koḍuballirā?
—Yes, but I shall need the money before next week.	– ಕೊಡುತ್ತೇನೆ. ಆದರೆ, ಮುಂದಿನ ವಾರದೊಳಗೆ ಹಣ ನನಗೆ ಬೇಕಾಗುತ್ತದೆ.	- koḍuttēne. ādare, mundin vāradoḷage haṇa nanage bēkāguttade.
×	×	×
7.Did you get the money?	ನಿಮಗೆ ಹಣ ಸಿಕ್ಕಿತೇ?	nimage haṇa sikkitē?
—Yes, I form my colleague.	–ಸಿಕ್ಕಿತು. ನನ– ಸಹೋದ್ಯೋಗಿಯಿಂದ ಸಾಲವಾಗಿ ಪಡೆದೆ.	-sikkitu. nanna sahōdyōgiyinda sālavāgi paḍede.
×	×	×
8.Have you got any change?	ನಿಮ್ಮ ಹತ್ತಿರ ಚಿಲ್ಲರೆ ಏನಾದರೂ ಇದೆಯೇ?	nimma hattira cillare ēnādarū iḍeyē?
—Here are seven paise and six coins of five	–ಹತ್ತು ಪೈಸೆ ನಾಣ್ಯಗಳು 7 ಮತ್ತು ಐದು ಪೈಸೆ ನಾಣ್ಯಗಳು 6 ಇವೆ.	-hattu paise nāṇyagaḷu 7 mattu aidu paisenā ṇyagaḷu 6 ive.
×	×	×
9.Can you change this ten rupee note?	ಈ ಹತ್ತು ರೂಪಾಯಿ ನೋಟನು– ಚಿಲ್ಲರೆ ಮಾಡಿಸುತ್ತೀರಾ?	ī hattu rūpāyinōṭannu cillare māḍisuttīrā?
—I am sorry I don't have any note.	–ಕ್ಷಮಿಸಿ. ನನ– ಹತ್ತಿರ ಹತ್ತು ರೂಪಾಯಿ ನೋಟೇ ಇಲ್ಲ.	-kṣamisi. nannna hattira hattu rūpāyinōṭē illa.
×	×	×
10.Do you have change for one hundred rupees?	ನೂರು ರೂಪಾಯಿಗೆ ನಿಮ್ಮಲ್ಲಿ ಚಿಲ್ಲರೆ ಇದೆಯೇ?	nūrū rūpāyige mmalli cillare ideyē?

—Just a minute, and I shall see.	–ಸ್ವಲ್ಪ ತಡಿಯಿರಿ ನೋಡುತ್ತೇನೆ.	-svalpa taḍiyirinōḍuttēne.
×	×	×
11.Will you get foreign exchange? —Yes, I will.	ವಿದೇಶಿ ವಿನಿಮಯ ಮಾಡಿಸಿಕೊಡುತ್ತೀರಾ? –ಸರಿ. ಮಾಡಿಕೊಡುತ್ತೇನೆ.	vidēśi vimaya māḍisikoḍuttīrā? -sari. māḍikoḍuttēne.
×	×	×
12.How much will you get? —A student generally gets foreign exchange worth about 5000 dollars per year.	ಎಷ್ಟು ಹಣ ತೆಗೆದುಕೊಂಡು ಬರುತ್ತಿರಾ? –ವಿದ್ಯಾರ್ಥಿಗಳಿಗೆ ಒಂದು ವರ್ಷಕ್ಕೆ 5000 ಡಾಲರ್‌ಗಳ ಬೆಲೆಯುಳ್ಳ ಹಣವನು– ವಿದೇಶಿ ವಿನಿಮಯವಾಗಿ ಪಡೆಯಬಹುದು.	eṣṭu haṇa tegedukoṇḍu baruttirā? -vidyārthigaḷige oṃdu varṣakke 5000 ḍālargaḷa beleyuḷḷa haṇavannu vidēśi vimayavāgi paḍeyahudu.
×	×	×
13.What is your salary? —I am drawing 400 per month.	ನಿಮ್ಮ ಸಂಬಳವೆಷ್ಟು? –ನಾನು ತಿಂಗಳಿಗೆ 400 ರೂಪಾಯಿಗಳ ಸಂಬಳ ಪಡೆಯುತ್ತಿದ್ದೇನೆ.	nimma saṃḷavemṭa? -nānu tingaḷige 400 rūpāyigaḷa saṃḷa paḍeyuttiddēne.
×	×	×
14.How much do you expect? —I do not wish to have more than fifty rupees.	ನೀವು ಎಷ್ಟು ಹಣವನು– ನಿರೀಕ್ಷಿಸುತ್ತೀರಿ? –ನಾನು ಐವತ್ತು ರೂಪಾಯಿಗಳಿಗಿಂತಲೂ ಹೆಚ್ಚಾಗಿ ಬಯಸುವುದಿಲ್ಲ.	nivu eṣṭu haṇamannu rīkṣisuttīri? -nānu aivattu rūpāyigaḷigintalū heccāgi bayasuvudilla.
×	×	×
15.Do you give any discount? —Not at all.	ನೀವು ಏನಾದರೂ ರಿಯಾಯಿತಿಯನು– ಕೊಡುತ್ತೀರಾ? ಇಲ್ಲವೇ ಇಲ್ಲ.	nivu ēnādarū riyāyitiyannu koḍuttīrā? illavē illa.
×	×	×
16.Is this worth twenty rupees? —Why not? It is rather costlier	ಇದು ಇಪ್ಪತ್ತು ರೂಪಾಯಿಗಳ ಬೆಲೆಯುಳ್ಳದ್ದೇ? ಏಕಿಲ್ಲ? ಹೇಳಬೇಕೆಂದರೆ ಅದಕ್ಕಿಂತಲೂ ಬೆಲೆಬಾಳುತ್ತದೆ.	idu ippattu rūpāyigaḷa beleyuḷḷaddē? ēkilla? hēḷabēkendare adakkintalūbelebāḷuttade.

44TH STEP 44 ನೆಯ ಹಂತ

ON THE BUS

ಬಸ್ಸಿನಲ್ಲಿ

1. Pay for the tickets.	ಚೀಟಿಗಳಿಗೆ ಹಣವನು– ಕೊಡಿ.	cīṭigaḷige haṇamannu koḍi.
2. No, I paid last time. It is your turn today.	ಇಲ್ಲ, ನಾನು ಹೋದ ಸಾರಿ ಕೊಟ್ಟಾಯಿತು. ಈಗ ನಿಮ್ಮ ಸರದಿ.	illa,nānu hōda sāri koṭṭāyitu. īga nimma saradi.
3. All right. Shall we get off at ring road, Lajpat Nagar?	ಸರಿ. ನಾವು ಲಜಪತ್ ನಗರದಲ್ಲಿ ರಿಂಗ್ ರಸ್ತೆಯಲ್ಲಿ ಇಳಿದುಕೊಳ್ಳೋಣವೇ?	sari.nāvu lajapat nagaradalli riṅg rasteyalli iḷidukoḷḷōṇavē?
4. I think the Central Market is little nearer the cinema. Anyway fair is the same.	ಕೇಂದ್ರೀಯ ಮಾರುಕಟ್ಟೆ ಸಿನಿಮಾಗೆ ಹತ್ತಿರ ಅನಿಸುತ್ತದೆ. ಹೇಗಿದ್ದರೂ ಟಿಕೇಟಿನ ದರ ಒಂದೇ.	kēndrīya mārukaṭṭe simāge hattira asuttade. hēgiddarū ṭikēṭin dara oṃdē.
5. Yes, it is. I usually get off at ring road, but it makes no difference.	ಹೌದು. ನಾನು ಸಾಧಾರಣವಾಗಿ ಯಾವಾಗಲೂ ರಿಂಗ್ ರಸ್ತೆಯಲ್ಲೇ ಇಳಿಯುವುದು. ಆದರೆ ಏನೂ ವ್ಯತ್ಯಾಸವಿಲ್ಲ.	haudu.nānu sādhāraṇavāgi yāvāgalū riṅg rasteyallē iḷiyuvudu. ādare ēnū vyatyāsavilla.
6. Now buy the tickets.	ಈಗ ಟಿಕೇಟುಗಳನು– ಕೊಂಡುಕೊಳ್ಳಿರಿ.	īga ṭikēṭugaḷannu koṇḍukoḷḷiri.
7. The bus is over crowded, So I think the conductor is very busy.	ಬಸ್ಸು ತುಂಬಿದೆ. ಕಂಡಕ್ಟರ್ ಅವರು ಬಿಡುವಿಲ್ಲದೆ ಇರಬಹುದು ಅನಿ–ಸುತ್ತಿದೆ.	bassu tumbide. kaṇḍakṭar avama biḍuvillade irabahudu anasuttide.
8. But have you got the money ready?	ಆದರೆ ಹಣವನು– ಸಿದ್ಧವಾಗಿಟ್ಟುಕೊಂಡಿದ್ದೀರಾ?	ādare haṇamanu siddhavāgiṭṭukoṇḍiddīrā?
9. Yes, I have got the exact fare.	ಇದೆ. ಸರಿಯಾದ ದರವನು– ಇಟ್ಟುಕೊಂಡಿದ್ದೇನೆ.	ide. sariyāda daravannu iṭṭukoṇḍiddēne.

In a Public Library ಸಾರ್ವಜನಿಕ ಗ್ರಂಥಾಲಯದಲ್ಲಿ

1. May I be a regular member of the library?	ನಾನು ಗ್ರಂಥಾಲಯದ ನಿಯತ ಸದಸ್ಯನಾಗಬಹುದೇ?	nānu granthālayada niyata sadasyanāgabahudē?
2. Of course. Complete this form please and get it signed with any Gazzetted officer.	ನಿಸ್ಸಂದೇಹವಾಗಿ ಆಗಬಹುದು. ಈ ಅರ್ಜಿಯನು– ದಯವಿಟ್ಟು ಭರ್ತಿ ಮಾಡಿ ಸರ್ಕಾರಿ ನೌಕರಿಯಲ್ಲಿರುವ ಅಧಿಕಾರಿಯಿಂದ ಹಸ್ತಾಕ್ಷರ ಹಾಕಿಸಿಕೊಂಡು ಬನಿ–.	nissandēhavāgi āgabahudu. ī arjiyannu dayaviṭṭu bharti mādi sarkāri naukariyalliruva adhikāriyinda hastākṣara hākisikoṇḍu banni.
3. What is the membership fees?	ಸದಸ್ಯತ್ವದ ಶುಲ್ಕ ಎಷ್ಟು?	sadasyatvada śulka eṣtu?
4. Not at all, the public library service is entirely free.	ಇಲ್ಲವೇ ಇಲ್ಲ, ಸಾರ್ವಜನಿಕ ಗ್ರಂಥಾಲಯದಲ್ಲಿ ಸಂಪೂರ್ಣ ಉಚಿತ ಸೇವೆ.	illavē illa, sārvajanika granthālayadalli sampūrṇa ucita sēve.
5. How many books do you lend at a time?	ನೀವು ಒಂದು ಸಾರಿಗೆ ಎಷ್ಟು ಪುಸ್ತಕಗಳನು– ಕೊಡುತ್ತೀರಿ?	neevu oṃdu sārige eṣtu pustakagaḷannu koḍuttīri?
6. The library lends three books for fourteen days.	ಗ್ರಂಥಾಲಯವು ಒಂದು ಸಾರಿಗೆ ಮೂರು ಪುಸ್ತಕಗಳನು– ಹದಿನಾಲ್ಕು ದಿನಗಳ ಅವಧಿಗೆ ನೀಡುತ್ತದೆ.	granthālayavu oṃdu sārige mūru pustakagaḷannu hadinālku dingaḷa avadhige neeḍuttade.
7. I see. What is the late fee per day?	ಓಹೋ! ತಡವಾಗಿ ಪುಸ್ತಕವನು– ಹಿಂದಿರುಗಿಸಿದರೆ ಶುಲ್ಕವೆಷ್ಟು?	ōhō! taḍavāgi pustakavannu hindirugisidare śulkavestu?
8. We charge ten paise per day for each book.	ನಾವು, ಒಂದು ದಿನಕ್ಕೆ, ಒಂದು ಪುಸ್ತಕಕ್ಕೆ ಹತ್ತು ಪೈಸೆಯನು– ತೆಗೆದುಕೊಳ್ಳುತ್ತೇವೆ.	nāvu, oṃdu dinkke, oṃdu pustakakke hattu paiseyannu tegedukoḷḷuttēve.
9. What are the working hours of the library?	ಪುಸ್ತಕಾಲಯದ ಕೆಲಸದ ವೇಳೆ ಏನು?	pustakālayada kelasada vēḷe ēnu?
10. The library remains open from 9 a.m to 7.30 p.m.	ಗ್ರಂಥಾಲಯವು ಬೆಳಿಗ್ಗೆ 9 ಗಂಟೆಯಿಂದ ಸಾಯಿಂಕಾಲ 7.30 ರ ವರೆಗೂ ತೆರೆದಿರುತ್ತದೆ.	granthālayavu beḷigge 9 gaṇṭeyinda sāyiṅkāla 7.30ra varegū terediruttade.

At the theatre ಸಿನಿಮಾ ಮಂದಿರದಲ್ಲಿ

1. It's interval. Shall we go to the snack bar and have a cup of tea?	ಈಗ ವಿರಾಮ. ನಾವು ಅಲ್ಪಾಹಾರ ಗೃಹಕ್ಕೆ ಹೋಗಿ ಒಂದೊಂದು ಲೋಟ ಟೀ ಕುಡಿಯೋಣ.	īga virāma.nāvu alpāhāra gṛhakke hōgi oṃdondu lōṭa ṭī kuḍiyōṇa.
2. I don't want anything. Let us stretch our legs.	ನನಗೆ ಏನೂ ಬೇಡ. ನಾವು ಕಾಲುಚಾಚಿಕೊಳ್ಳೋಣ.	nanage ēnū bēḍa.nāvu kālucācikoḷḷōṇa.
3. Let us go. What do you think of heroine?	ಹೋಗೋಣ. ನಾಯಕಿಯ ಬಗ್ಗೆ ನಿಮ್ಮ ಅನಿಸಿಕೆ ಏನು?	hōgōṇa.nāyakiya bagge nimma anisike ēnu?
4. Her performance was very good.	ಅವರ ನಟನೆ ತುಂಬಾ ಚೆನಾ–ಗಿತ್ತು.	avara naṭane tumbā cennāgittu.
5. Really her future is very good.	ನಿಜವಾಗಿಯೂ ಅವರ ಭವಿಷ್ಯ ತುಂಬಾ ಚೆನಾ–ಗಿರುತ್ತದೆ.	javāgiyū avara bhaviṣya tumbā cennāgiruttade.
6. She certainly surpassed all	ನಿಶ್ಚಯವಾಗಿ ಅವರು ಬೇರೆಲ್ಲಾ ನಟರನು– ಮೀರಿಸಿದರು.	niścayavāgi avama bērellā naṭarannu mīrisidaru.
7. None of the others was as good as she was.	ಬೇರೆ ಯಾರೂ ಅವರಷ್ಟು ಚೆನಾ–ಗಿಲ್ಲ.	bēre yārū avarasṭu cennāgilla.
8. Except the young child Mira who made us all laugh.	ಮೀರಾ, ಚಿಕ್ಕ ಹುಡುಗಿಯನು– ಬಿಟ್ಟು. ಅವಳು ನಮ್ಮೆಲ್ಲರನೂ– ನಗುವಂತೆ ಮಾಡಿದಳು.	mīrā, cikka huḍugiyannu biṭṭu. avaḷu nammellarannū naguvante māḍidaḷu.
9. The bell is ringing. It's time to go back.	ಗಂಟೆ ಬಾರಿಸುತ್ತಿದೆ. ಈಗ ಹೋಗಲು ಸಮಯವಾಯಿತು.	gaṇṭe bārisuttide. īga hōgalu samayavāyima.

45TH STEP 45 ನೆಯ ಹಂತ

ASKING THE WAY

ದಾರಿಯನು– ಕೇಳುವುದು

1.Excuse me. Can you tell me where is the temple	ಕ್ಷಮಿಸಿ. ದೇವಸ್ಥಾನ ಎಲ್ಲಿದೆ ಎಂದು ಹೇಳುತ್ತೀರಾ?	kṣamisi. dēvasthān ellide eṃdu hēḷuttīrā?
2. Which temple are you looking for?	ನೀವು ಯಾವ ದೇವಸ್ಥಾನವನು– ಹುಡುಕುತ್ತಿದ್ದೀರಾ?	neevu yāva dēvasthānvannu huḍukuttiddīrā?
3. I mean the tempe of Laxmi	ಲಕ್ಷ್ಮೀನಾರಾಯಣ ದೇವಸ್ಥಾನ.	lakṣmīnārāyaṇa dēvasthāna.
4. Oh, the Birla Mandir. Go straight to the traffic light and then turn left	ಓಹೋ, ಬಿರ್ಲಾ ಮಂದಿರವೇ? ನೇರವಾಗಿ ಮೊದಲನೆಯ ಟ್ರಾಫಿಕ್ ಲೈಟ್ ಹತ್ತಿರ ಹೋಗಿ ಅಲ್ಲಿಂದ ಎಡಕ್ಕೆ ತಿರುಗಿ.	ōhō, birlā mandiravē? nēravāgi modalaneya ṭrāphik laiṭ hattira hōgi allinda eḍakke tirugi.
5. I see. Is it far?	ಓಹೋ. ತುಂಬಾ ದೂರವೇ?	ōhō. tumbā dūravē?
6. Not so far. Only one kilometre.	ತುಂಬಾ ದೂರವೇನಿಲ್ಲ. ಒಂದು ಕಿಲೋಮೀಟರ್‌ನಷ್ಟಿರಬಹುದು.	tumbā dūravēlla. oṃdu kilōmīṭarnaṣṭirabahudu.
7. Turn left at the first traffic	ಮೊದಲನೆಯ ಟ್ರಾಫಿಕ್ ಲೈಟ್ ಹತ್ತಿರವಿರುವ ಎಡಗಡೆಯೇ?	modalaneya ṭrāphik laiṭ hattiraviruva eḍagaḍeyē?
8. When you turn left, you will see the temple	ನೀವು ಎಡಗಡೆ ತಿರುಗಿದಾಗ ದೇವಸ್ಥಾ ನವನು– ನೋಡುತ್ತೀರಿ.	neevu eḍagaḍe tirugidāga dēvasthānvannu nōḍuttīri.
9. Thank you.	ಧನ್ಯವಾದಗಳು.	dhanyavādagalu.
10. Not at all. It is a matter of gladness to help a stranger.	ಇಲ್ಲವೇ ಇಲ್ಲ. ಹೊಸಬರಿಗೆ ಸಹಾಯ ಮಾಡುವುದು ಸಂತೋಷವುಂಟಾಗುವ ವಿಷಯ.	illavē illa. hosarige sahāya māḍuvudu santōṣa vuṇṭāguva viṣaya.

At the medical store ಔಷಧಿ ಅಂಗಡಿಯಲ್ಲಿ

1. Can you make up this prescrition for me, please?	ಈ ಔಷಧಿಗಳು ಯಾವುವೆಂದು ಸ್ವಲ್ಪ ನನಗೆ ಹೇಳುತ್ತೀರಾ?	ī auṣadhigaḷu yāvuvendu svalpa nanage hēḷuttīrā?

2. Certainly, gentleman, will you come back later?	ನಿಶ್ಚಿತವಾಗಿ ಹೇಳುತ್ತೇನೆ. ಸ್ವಲ್ಪ ಸಮಯದ ನಂತರ ಬರುತ್ತಿರಾ ?	niścitavāgi hēḷuttēne. svalpa samayada naṃtara baruttirā?
3. How long will it take?	ಇದು ಎಷ್ಟು ಸಮಯ ತೆಗೆದುಕೊಳ್ಳುತ್ತದೆ?	idu eṣṭu samaya tegedukoḷḷuttade?
4. Only ten minutes.	ಹತ್ತು ನಿಮಿಷ ಮಾತ್ರ.	hattu miṣa mātra.
5. Could you recommend something for headache ?	ನನಗೆ ತಲೆ ನೋವಿಗೆ ಏನಾದರೂ ಔಷಧಿ ನೀಡುತ್ತೀರಾ?	nanage talenōvige ēnādarū auṣadhi neeḍuttīrā?
6. Yes, these tablets are very effective. Mostly doctors prescribe them	ಇದೆ. ಈ ಮಾತ್ರೆಗಳು ತುಂಬಾ ಪರಿಣಾಮಕಾರಿಯಾಗಿರುತ್ತವೆ. ವೈದ್ಯರು ಬಹುಶಃ ಈಗಿನ ದಿನಗಳಲ್ಲಿ ಇವನ್ನೇ ಬರೆಯುತ್ತಾರೆ.	ide. ī mātregaḷu tumbā pariṇāmakāriyāgiruttave. vaidyaru bahuśaḥ īgin dingaḷalli ivannē bareyuttāre.
7. All right. I will take ten tablets.	ಸರಿ. ಹಾಗಾದರೆ ನಾನು ಹತ್ತು ಮಾತ್ರೆಗಳನ್ನು ತೆಗೆದುಕೊಳ್ಳುತ್ತೇನೆ.	sari. hāgādarenānu hattu mātregaḷannu tegedukoḷḷuttēne.
8. Will that be all, Sir?	ಅಷ್ಟೇನಾ?	aṣṭēnā.?
9. Yes, except for my medicines? Will it be ready now ?	ಹೌದು, ನನ್ನ ಔಷಧಿಗಳನ್ನು ಬಿಟ್ಟು ಅದು ತಯಾರಾಗಿದೆಯೇ?	houdu, nanna ouṣadigaḷannu bittu. Adu tayārāgideye?
10. Not yet. Wait for a short	ಇನ್ನೂ ಇಲ್ಲ. ಸ್ವಲ್ಪ ಹೊತ್ತು ತಡೆಯಿರಿ. ದಯವಿಟ್ಟು ಕುಳಿತುಕೊಳ್ಳಿ.	innū illa. svalpa hottu taḍeyiri. dayavimṭa kuḷitukoḷḷi

On The Telephone ದೂರವಾಣಿಯಲ್ಲಿ

1. Is it Diamand Pocket Books?	ಇದು ಡೈಮಂಡ್ ಪಾಕೆಟ್ ಬುಕ್ಸ್?	iḍu ḍaimanḍ pākeṭ uks?
2. Yes, Diamand. Good morning.	ಹೌದು. ಗುಡ್ ಮಾರ್ನಿಂಗ್ ಡೈಮಂಡ್.	haudu. guḍ morning ḍaimanḍ.
3. May I speak to Mr. Narendra ?	ನಾನು ಶ್ರೀ.ನರೇಂದ್ರಕುಮಾರ್ ಎಂಬವರ ಜೊತೆ ಮಾತನಾಡಬಹುದೇ?	nānu śrī.narēndrakumār eṃbavara jote mātanāḍabahudē?
4. Sorry, he has not arrived yet.	ಕ್ಷಮಿಸಿ. ಅವರು ಇನ್ನೂ ಬಂದಿಲ್ಲ.	kṣamasi. avaru innū bandilla.
5. Can you tell when he will	ಅವರು ಯಾವಾಗ ಬರುತ್ತಾರೆಂದು ಹೇಳುವಿರಾ?	avaru yāvāga baruttārendu hēḷuvirā?
6. I don't know. You can give	ನನಗೆ ಗೊತ್ತಿಲ್ಲ. ನೀವು ಏನಾದರೂ ವಿಷಯವಿದ್ದರೆ ನನಗೆ ತಿಳಿಸಿ.	nanage gottilla. neevu ēnādarū viṣayaviddare nanage tiḷisi.
7. Will you convey him that I-Mr.Lamba called and ask him to ring me back as early as possible	ನೀವು, ನಾನು ಅಂದರೆ ಶ್ರೀ.ಲಂಬಾ ಅವರು ಫೋನ್ ಮಾಡಿದೆನೆಂದು ಮತ್ತು ಅವರು ನನಗೆ ಆದಷ್ಟು ಬೇಗ ಫೋನ್ ಮಾಡಬೇಕೆಂದು ತಿಳಿಸಿ.	neevu, nānu aṃdare śrī.lambā avaru phōn māḍideneṃdu mattu avaru nanage ādaṣṭu bēga phōn māḍabēkendu tiḷisi.
8. O.K. What is your telephone	ಸರಿ. ನಿಮ್ಮ ದೂರವಾಣಿ ಸಂಖ್ಯೆ ಎಷ್ಟು?	sari. nimma dūravāṇi saṅkhye esṭu?
9. My number is 654527*. Mr. Narendra already knows.	654527 ಎಂಬುದು ನನ್ನ ಸಂಖ್ಯೆ ಶ್ರೀ.ನರೇಂದ್ರ ಅವರಿಗೆ ಈಗಾಗಲೇ ಗೊತ್ತಿದೆ.	654527 eṃudu nanna saṅkhye śrī.nrēndra avarige īgāgalē gottide.
10. Very well, sir. I shall tell him as	ಸರಿ ಸ್ವಾಮಿ. ನಾನು ಅವರು ಬಂದ ಕೂಡಲೇ ವಿಷಯವನ್ನು ತಿಳಿಸುತ್ತೇನೆ.	sari svāmi. nānu avaru baṃda kūḍalē viṣayavannu tiḷisuttēne.
11. Thanks. Please remember, it is most urgent. Good bye.	ಧನ್ಯವಾದಗಳು. ದಯವಿಟ್ಟು ಇದು ತುಂಬಾ ಅವಸರದ ವಿಷಯವೆಂದು ನೆನಪಿಟ್ಟುಕೊಳ್ಳಿ.	dhanyavādagaḷu. dayaviṭṭu idu tumbā avasarada visayavendu nenpiṭṭukoḷḷi.
*six five four five two seven.	ಆರು ಐದು ನಾಲ್ಕು ಐದು ಎರಡು ಏಳು.	āru aidunālku aidu eraḍu ēḷu

46TH STEP 46 ನೆಯ ಹಂತ

MAKING A TRUNK CALL

ಟ್ರಂಕ್ ಕಾಲ್

Subscriber—Hello Exchange!	ಗ್ರಾಹಕ–ಹಲೋ ಎಕ್ಸ್‌ಚೇಂಜ್!	grāhaka-halō ekscēñj!
Operator—Yes, Exchange speaking.	ಚಾಲಕ–ಹೌದು. ಎಕ್ಸ್‌ಚೇಂಜ್‌ನಿಂದ ಮಾತನಾಡುತ್ತಿದ್ದೇನೆ.	cālaka-haudu. ekscēñjniṃda mātanāḍuttiddēne.
Subs—Please book an urgent trunk call.	ಗ್ರಾಹಕ–ದಯವಿಟ್ಟು ಒಂದು ಅವಸರದ ದೂರವಾಣಿ ಕರೆಯನ್ನು ಬುಕ್ ಮಾಡಿ.	grāhaka-dayaviṭṭu oṃdu avasarada dūravāṇi kareyannu buk māḍi.
Op—For which city?	ಚಾಲಕ–ಯಾವ ನಗರಕ್ಕೆ?	cālaka-yāva nagarakke?
Subs—For Pune, please.	ಗ್ರಾಹಕ–ಪೂನಾಗೆ.	grāhaka-pūnāge.
Op—What number, please?	ಚಾಲಕ–ಸಂಖ್ಯೆಯೆಷ್ಟು?	cālaka-saṅkhyeyeṣṭu?
Subs—6543*	ಗ್ರಾಹಕ–6543	grāhaka-6543
Op—Is the call in the name of a person?	ಚಾಲಕ–ಕರೆಯು ಯಾವುದಾದರೂ ವ್ಯಕ್ತಿಯ ಹೆಸರಿನಲ್ಲಿದೆಯೇ?	cālaka-kareyu yāvudādarū vyaktiya hesarinllideyē?
Subs—Yes, please, it is in the name of Yash Shah.	ಗ್ರಾಹಕ–ಹೌದು ಸ್ವಾಮಿ. ಯಶ್ ಶಾ ಎಂಬವರ ಹೆಸರಿನಲ್ಲಿದೆ.	grāhaka-haudu svāmi. yaś śā eṃbavara hesarinllide.
Op—Please spell out the name.	ಚಾಲಕ–ದಯವಿಟ್ಟು ಹೆಸರನ್ನು ಅಕ್ಷರ ಸಮೇತ ಹೇಳಿ.	cālaka-dayaviṭṭu hesarannu akṣara samēta hēḷi.
Subs—Y for Yamuna nagar, A for Agra, S for Srinagar, H for Hyderabad. Deccan College, Pune.	ಗ್ರಾಹಕ–ಯ –ಯಮುನಾನಗರ, ಶ–ಶಿವಪುರಿ, ಶ–ಶಹಜಾಬಾದ್. ಡೆಕನ್ ಕಾಲೇಜ್, ಪೂನಾ.	grāhaka-ya - yamunāngara, śa-śivapuri, śa-śahajābād. ḍekan kālēj, pūnā.
Op—O.K. Your phone number?	ಚಾಲಕ–ಸರಿ. ನಿಮ್ಮ ದೂರವಾಣಿ ಸಂಖ್ಯೆ?	cālaka-sari. nimma dūravāṇi saṅkhye?

Sub—203606+	ಗ್ರಾಹಕ–203606+	grāhaka-203606+
Op—Well, please wait for five minutes or so.	ಚಾಲಕ–ಒಳ್ಳೆಯದು. ದಯವಿಟ್ಟು ಐದು ನಿಮಿಷ ತಡೆಯಿರಿ.	cālaka-oḷḷeyadu. dayaviṭṭu aidu nimiṣa taḍeyiri.
Subs—What is my registration number?	ಗ್ರಾಹಕ–ನನ್ನ ನೋಂದಣಿ ಸಂಖ್ಯೆ ಎಷ್ಟು?	grāhaka-nanna nōṃdaṇi saṅkhye eṣṭu?
Op—B for Bombay 1002×	ಚಾಲಕ–'ಬ' ಗೆ ಬಾಂಬೆ 1002×	cālaka-ba ge bāmbe 1002x
Subs—Thank you, sir [After seven minutes]	ಗ್ರಾಹಕ–ಧನ್ಯವಾದಗಳು ಸ್ವಾಮಿ. (ಏಳು ನಿಮಿಷಗಳ ನಂತರ)	grāhaka-dhanyavā dagalu svāmi. (ēḷu miṣagaḷanṃtara)
Op—Hello, is it 203606?+	ಚಾಲಕ–ಹಲೋ, ಇದು 203606?+	cālaka-halō, idu 203606+?.
Subs—Yes speaking.	ಗ್ರಾಹಕ–ಹೌದು. ಮಾತನಾಡುತ್ತಿದ್ದೇವೆ.	grāhaka-haudu. mātanāḍuttiddēve.
Op—Here is your trunk call to Pune. Please speak to your friend.	ಚಾಲಕ–ನೀವು ಪೂನಾಗೆ ಬುಕ್ ಮಾಡಿದ ಟ್ರಂಕ್ ಕರೆ ಇಲ್ಲಿದೆ ನಿಮ್ಮವರೊಂದಿಗೆ ಮಾತನಾಡಿ.	calaka-nivu pūnāge buk māḍida ṭraṅk kare illide nimmavarondige mātanāḍi.
Subs—Thank you very much.	ಗ್ರಾಹಕ–ತಂಬಾ ಧನ್ಯವಾದಗಳು.	grāhaka-tambā dhanyavādagama.
Subs—Hello, Yash?	ಚಾಲಕ–ಹಲೋ ಯಶ್ ಶಾ ಅವರೇ?	cālaka-halō yaś śā avarē?
Yash—Speaking.	ಯಶ್–ಹೌದು. ನಾನೇ ಮಾತನಾಡುತ್ತಿರುವುದು.	yaś-haudu.nānē mātanāḍuttiruvudu.
Subs—Amit from Delhi.	ಗ್ರಾಹಕ–ದೆಹಲಿಯಿಂದ ಅಮಿತ್ ಮಾತನಾಡುತ್ತಿದ್ದೇನೆ.	grāhaka-dehaliyinda amit mātanāḍuttiddēne.
Yash—Oh! Your father was very anxious about you.	ಯಶ್–ಓಹೋ! ನಿಮ್ಮ ತಂದೆಯವರು ನಿಮ್ಮ ಬಗ್ಗೆ ತುಂಬಾ ಚಿಂತಾಕ್ರಾಂತರಾಗಿದ್ದರು.	yaś-ōhō! nimma tandeyavaru nimma bagge tumbā cintākrāntarāgiddaru.
Amit—I arrived here only yesterday.	ಅಮಿತ್–ನಾನು ಇಲ್ಲಿಗೆ ನಿನ್ನೆ ತಾನೇ ಬಂದಿಳಿದೆ.	amit-nānu illigenne tānē baṃdiḷide.
Yash—How are all in the family? How is my sister-in law? your mother?	ಯಶ್–ನಿಮ್ಮ ಕುಟುಂಬದಲ್ಲಿ ಎಲ್ಲರೂ ಹೇಗಿದ್ದಾರೆ? ನಮ್ಮ ಅತ್ತಿಗೆ ಅಂದರೆ ನಿಮ್ಮ ತಾಯಿಯವರು ಕ್ಷೇಮವೇ?	yaś-nimma kuṭumbadaıli ellarū hēgiddāre? namma attige aṃdare nimma tāyiyavaru kṣēmavē?
Amit—All are O.K.	ಅಮಿತ್– ಎಲ್ಲರೂ ಕ್ಷೇಮ. ನಮ್ಮ	amit- ellarū kṣēma.

Where is my father?	ತಂದೆಯವರು ಎಲ್ಲಿ?	namma tandeyavaru elli?
Yash—He has gone to attend a literary meeting.	ಯಶ್–ಅವರು ಒಂದು ಸಾಹಿತ್ಯಕ ಗೋಷ್ಠಿಗೆ ಹಾಜರಾಗಿದ್ದಾರೆ.	yaś-avaru oṃdu sāhityaka gōṣṭhige hājarāgiddāre.
Amit—How is he?	ಅಮಿತ್– ಅವರು ಹೇಗಿದ್ದಾರೆ?	amit- avama hēgiddāre?
Yash—My brother? He is very well. He is busy in compiling a classified dictionary.	ಯಶ್–ನನ್ನ ಅಣ್ಣನವರೇ? ಅವರು ತುಂಬಾ ಚೆನ್ನಾಗಿದ್ದಾರೆ. ಅವರು ಒಂದು ಶಬ್ದಕೋಶವನ್ನು ವರ್ಗೀಕೃತ ಮಾಡುವ ಕಾರ್ಯದಲ್ಲಿ ಮಗ್ನರಾಗಿದ್ದಾರೆ.	yaś -nanna aṇṇanvarē? avaru tumbā cennāgiddāre. avaru oṃdu śdakōśavannu vargīkṛta māḍuva kāryadalli magnarāgiddāre.
Amit—How is uncle?	ಅಮಿತ್–ದೊಡ್ಡಪ್ಪ ಹೇಗಿದ್ದಾರೆ?	amit-doḍḍappa hēgiddāre?
Yash—Very well. Today he has gone to Bombay.	ಯಶ್–ಅವರೂ ಕ್ಷೇಮ. ಈ ದಿನ ಅವರು ಮುಂಬೈಗೆ ಹೋಗಿದ್ದಾರೆ.	yaś-avarū kṣēma. ī din avaru mumbaige hōgiddāre.
Amit—How much work is to be done yet?	ಅಮಿತ್–ಇನ್ನೂ ಎಷ್ಟು ಕೆಲಸ ಬಾಕಿ ಇದೆ?	amit-innū eṣṭu kelasa bāki ide?
Yash—The work is almost done. Only revision is required.	ಯಶ್–ಮುಕ್ಕಾಲು ಭಾಗ ಕೆಲಸ ಮುಗಿದಿದೆ. ಪುನರಾವರ್ತನೆ ಮಾಡಬೇಕಾಗಿದೆ.	yaś-mukkālu bhāga kelasa mugidide. punrāvartane māḍabēkāgide.
Amit—Ask my father to ring me up tomorrow morning at half past six.	ಅಮಿತ್–ನಮ್ಮ ತಂದೆಯವರನ್ನು ನಾಳೆ ಬೆಳಿಗ್ಗೆ ಆರೂವರೆ ಗಂಟೆಗೆ ನನಗೆ ಫೋನ್ ಮಾಡಲು ತಿಳಿಸಿ.	amit-namma tandeyavarannu nāḷe beḷigge ārūvare gaṇṭege nanage phōn māḍalu tiḷisi.
Yash—O.K. I shall tell him.	ಯಶ್–ಸರಿ. ನಾನು ಅವರಿಗೆ ಹೇಳುತ್ತೇನೆ.	yaś-sari.nānu avarige hēḷuttēne.
[After concluding the talk]	(ಸಂಭಾಷಣೆ ಮುಗಿದ ನಂತರ)	(sambhāṣaṇe mugidanṃtara)
Subs—Hello, Sir, my talk is finished. Would you kindly let me know the charges?	ಗ್ರಾಹಕ–ಹಲೋ ಸ್ವಾಮಿ, ನಾನು ಮಾತನಾಡಿ ಮುಗಿಸಿಬಿಟ್ಟೆ. ನಾನು ಎಷ್ಟು ಹಣವನ್ನು ಕೊಡಬೇಕೆಂದು ತಿಳಿಸುತ್ತೀರಾ?	grāhaka-halō svāmi,nānu mātanāḍi mugisiṭṭe.nānu eṣṭu haṇavannu koḍabēkendu tiḷisuttīrā?
Op—Rupees Sixty, Sir.	ಚಾಲಕ–ಅರವತ್ತು ರೂಪಾಯಿಗಳು ಸ್ವಾಮಿ.	cālaka-aravamta rūpāyigaḷu svāmi.
Subs—Thank you.	ಗ್ರಾಹಕ–ಧನ್ಯವಾದಗಳು.	grāhaka-dhanyavādagaḷu.

47TH STEP 47 ನೆಯ ಹಂತ

ABOUT A TRIP

ಪ್ರವಾಸದ ಬಗ್ಗೆ

Abha—Puja, have ever been to Mahabalipuram?	ಅಭಾ–ಪೂಜಾ, ನೀನು ಯಾವಾಗಾದರೂ ಮಹಾಬಲಿಪುರಂಗೆ ಹೋಗಿದ್ದೆಯಾ?	abhā-pūjā, neenu yāvāgādarū mahālipuraṅge hōgiddeyā?
Puja—No, I could not spare my time for it.	ಪೂಜಾ–ಇಲ್ಲ. ನನಗೆ ಸಮಯವಿರಲಿಲ್ಲ.	pūjā-illa.nanage samayaviralilla.
Abha—Just have a short trip. It enables you to witness a charming scenery.	ಅಭಾ–ನೀವು ಸಣ್ಣ ಪ್ರವಾಸವಾಗಿ ಹೋಗಿಬನ್ನಿ. ಸುಂದರವಾದ ಪ್ರಕೃತಿಯನ್ನು ವೀಕ್ಷಿಸಬಹುದು.	abhā-vu saṇṇa pravāsavāgi hōgni. sundaravāda prakṛtiyannu vīkṣisabahudu.
Puja—O.K. I shall go for a short visit tomorraw with my father. (The very next day Abha asks Puja)	ಪೂಜಾ–ಸರಿ. ನಾನು ನಮ್ಮ ತಂದೆಯವರ ಜೊತೆ ನಾಳೆ ಲಘು ಪ್ರವಾಸವಾಗಿ ಅಲ್ಲಿಗೆ ಭೇಟಿಕೊಡುತ್ತೇನೆ. (ಮಾರನೆಯ ದಿನ) (ಅಭಾ ಪೂಜಾಳನ್ನು ಕೇಳುತ್ತಾಳೆ)	pūjā-sari.nānu nimma tandeyavara jote nāḷe laghu pravāsavāgi allige bhēṭikoḍuttēne. (māraneya din) (abhā pūjāḷannu kēḷuttāle)
Abha—How did you like Mahabalipuram?	ಅಭಾ–ಮಹಾಬಲಿಪುರಂ ಹೇಗಿತ್ತು?	abhā-mahālipuraṃ hēgittu?
Puja—It was really marvellou…	ಪೂಜಾ–ತುಂಬಾ ಅದ್ಭುತವಾಗಿತ್ತು.	pūjā-tumbā adbhutavāgimta.
Abha—Have you not visited the sculptures by the side of the seashore?	ಅಭಾ–ಸಮುದ್ರ ದಡದಲ್ಲಿರುವ ಶಿಲ್ಪಕಲೆಯನ್ನು ನೋಡಲಿಲ್ಲವೇ?	abhā-samudra daḍadalliruva śilpakaleyannu nōḍalillavē?
Puja—Indeed, I have, but I am not attracted to it by some religious faith.	ಪೂಜಾ–ನೋಡಿದೆ. ಆದರೆ ನನಗೆ ಧಾರ್ಮಿಕ ನಂಬಿಕೆಯಿಲ್ಲದ್ದರಿಂದ ಅದು ಅಷ್ಟು ಆಕರ್ಷಕವೆನಿಸಲಿಲ್ಲ.	pūjā-nōḍide. ādare nanage dhārmika naṃbikeyilladdarinda adu aṣṭu ākarṣaka venisalilla.

Abha—Understand my point. You are a poet. Did you not see any work of art in the sculpture scattered around Mahabalipuram?	ಅಭಾ–ಅರ್ಥಮಾಡಿಕೊಳ್ಳಿ. ನೀವು ಒಬ್ಬ ಕವಿಯಿತ್ರಿ. ಮಹಾಬಲಿಪುರಂನಲ್ಲಿ ಅಕ್ಕಪಕ್ಕ ಇದ್ದ ಶಿಲ್ಪಕಲೆಯಲ್ಲಿ ನೀವು ಯಾವ ಕಲೆಯನ್ನೂ ನೋಡಲಿಲ್ಲವೇ?	ạbhā-arthamāḍikoḷḷi. vu oba kaviyitri. mahālipuramṇnlli akkapakka idda śilpakaleyalli neevu yāva kaleyannū nōḍalillavē?
Puja—There are certainly works art and I appreciated them. I was really impressed.	ಪೂಜಾ– ನಾನು ಅಲ್ಲಿನ ಕಲಾತ್ಮಕತೆಯನ್ನು ಕಂಡು ಅದನ್ನು ಮೆಚ್ಚಿದೆ. ನಾನು ನಿಜವಾಗಿಯೂ ತುಂಬಾ ಪ್ರಭಾವಿತಳಾದೆ.	pūjā-nānu allina kalātmakateyannu kaṇḍu adannu meccide.nānu javāgiyū tumbā prabhāvitaḷāde.
Abha—Apart from this, how did you enjoy the view of the sea?	ಅಭಾ–ಇದನ್ನು ಬಿಟ್ಟು, ಸಮುದ್ರ ದೃಶ್ಯವನ್ನು ಕಂಡು ಆನಂದವಾಯಿತೇ?	abhā-idannu biṭṭu, samudra dṛśyavannu kaṇḍu ānṃdavāyitē?
Puja—I cannot express that in words. It was marvellous indeed.	ಪೂಜಾ– ನನಗೆ ಅದನ್ನು ವರ್ಣಿಸಲು ಪದಗಳೇ ಇಲ್ಲ. ನಿಜವಾಗಿಯೂ ಅದ್ಭುತವಾಗಿತ್ತು !	pūjā- nanage adannu varṇisalu padagaḷē illa. nijavāgiyū adbhutavāgittu !

ABOUT A TOUR

ಯಾತ್ರೆಯ ಬಗ್ಗೆ

Uma—Papa, you have come back after two months. Please tell me, what places you have visited.	ಉಮಾ–ಅಪ್ಪಾ, ನೀವು ಎರಡು ತಿಂಗಳ ನಂತರ ಬರುತ್ತೀರಲ್ಲವೇ? ದಯವಿಟ್ಟು ನೀವು ಭೇಟಿಕೊಟ್ಟ ಸ್ಥಳಗಳ ಬಗ್ಗೆ ನನಗೆ ಹೇಳಿ.	umā-appā, neevu eraḍu tiṅgaḷa naṃtara baruttīrallavē? dayaviṭṭu neevu bhēṭikoṭṭa sthaḷagaḷa bagge nanage hēḷi.
Papa— Come on my daughter, I am returning after touring throughout India.	ಅಪ್ಪ–ಬಾ ಮಗಳೇ. ನಾನು ಭಾರತವನ್ನು ಪೂರ್ತಿಯಾಗಿ ಪ್ರವಾಸ ಮಾಡಿದ ಮೇಲೆ ಹಿಂತಿರುಗಿದ್ದೇನೆ.	appa-bā magaḷē.nānu bhāratavannu pūrtiyāgi pravāsa māḍida mēle hintiruguddēne.
Uma—Papa, where did you go first?	ಉಮಾ–ಅಪ್ಪಾ, ನೀವು ಮೊದಲು ಯಾವ ಸ್ಥಳಕ್ಕೆ ಹೋಗಿದ್ದಿರಿ?	umā-appā, neevu modalu yāva sthaḷakke hōgiddiri?

Papa—First of all, I went to Delhi. Delhi is the Capital of India.	ಅಪ್ಪಾ–ಎಲ್ಲದಕ್ಕಿಂತ ಮೊದಲು ನಾನು ದೆಹಲಿಗೆ ಹೋಗಿದ್ದೆ. ದೆಹಲಿಯ ಭಾರತದ ರಾಜಧಾನಿ.	appā-elladakkinta modalu nānu dehalige hōgidde. dehaliya bhāratada rājadhā.
Uma—What did you see in Delhi?	ಉಮಾ–ದೆಹಲಿಯಲ್ಲಿ ಏನನ್ನು ನೋಡಿದಿರಿ?	umā-dehaliyalli ē"nunōḍidiri?
Papa—In Old Delhi I saw the Red Fort. I visited the Central Secretariat, the Birla Mandir and the Qutub Minar in New Delhi.	ಅಪ್ಪಾ–ಹಳೆಯ ದೆಹಲಿಯಲ್ಲಿ, ನಾನು ಕೆಂಪುಕೋಟೆಯನ್ನು ನೋಡಿದೆ. ಕೇಂದ್ರೀಯ ಸಚಿವಾಲಯ, ಬಿರ್ಲಾ ಮಂದಿರ್, ಮತ್ತು ಕುತುಬ್ ಮಿನಾರ್‌ಗಳನ್ನು ನವದೆಹಲಿಯಲ್ಲಿ ನೋಡಿದೆ.	appā-haḷeya dehaliyalli, nānu kempu kōṭeyannu nōḍide. kēndrīya sacivālaya, birlā mandir, mattu kutub minār gaḷannu navadehaliyalli nōḍide.
Uma—Where did you go afterward?	ಉಮಾ–ಆದಾದ ನಂತರ ಬೇರೆಲ್ಲಿ ಹೋಗಿದ್ದಿರಿ?	umā-adādanṃtara bērelli hōgiddiri?
Papa—After that I went to Bom- bay. Bombay is the biggest port of India.	ಅಪ್ಪಾ–ಆದಾದ ನಂತರ ನಾನು ಮುಂಬೈಗೆ ಹೋಗಿದ್ದೆ. ಮುಂಬೈ ಬಂದರು ಭಾರತದಲ್ಲೇ ಅತಿ ದೊಡ್ಡದಾದದ್ದು.	appā-adādanṃtaranānu mumbaige hōgidde. mumbai ṃdaru bhāratadallē ati doḍḍadādaddu.
Uma—Then you must have seen the sea and big ships also.	ಉಮಾ–ಹಾಗಾದರೆ, ನೀವು ಸಮುದ್ರ ಮತ್ತು ದೊಡ್ಡ ದೊಡ್ಡ ಹಡಗುಗಳನ್ನು ನೋಡಿರಬಹುದು ಅಲ್ಲವೇ?	umā-hāgādare, vu samudra mattu doḍḍa doḍḍa haḍagugaḷannu nōḍirahudu allavē?
Papa—Yes, I have seen many ships.	ಅಪ್ಪಾ–ಹೌದು. ನಾನು ತುಂಬಾ ಹಡಗುಗಳನ್ನು ನೋಡಿದೆ.	appā-haudu.nānu tumbā haḍagugaḷannunōḍide.
Uma—Papa, did you not go to Agra?	ಉಮಾ–ಅಪ್ಪಾ ನೀವು ಆಗ್ರಾಗೆ ಹೋಗಲಿಲ್ಲವೇ?	umā-appā neevu āgrāge hōgalillavē?
Papa—Oh yes, I went to Agra also and visited the Taj, and dropped at Mathura too, for a day.	ಅಪ್ಪಾ–ಹ್ಹಾ, ಹೋಗಿದ್ದೆ. ನಾನು ಆಗ್ರಾಗೆ ಹೋಗಿ ಅಲ್ಲಿರುವ ತಾಜ್ ಮಹಲ್‌ಗೆ ಭೇಟಿ ನೀಡಿದೆ. ಮತ್ತು ಮಥುರಾ ನಗರಕ್ಕೂ ಹೋಗಿ ಅಲ್ಲಿ ಒಂದು ದಿವಸ ಇದ್ದೆ.	appā-hhā, hōgidde.nānu āgrāge hōgi alliruva tāj mahalge bhēṭi ḍīde. mattu mathurāngarakkū hōgi alli oṃdu divasa idde.

Uma-Will you please point out on the map the places you visited papa?	ಉಮಾ–ನೀವು ಭಾರತದ ಭೂಪಟದಲ್ಲಿ ನೀವು ನೋಡಿರುವ ಎಲ್ಲಾ ಜಾಗಗಳನ್ನು ತೋರಿಸಬಲ್ಲಿರಾ?	Uma-neevu bhāratada bhūpaṭadalli neevu nōḍiruva ellā jāgagaḷannu tōrisallirā?
Papa—Why not, my child, bring the map. I will show you everything.	ಅಪ್ಪಾ–ಏಕಿಲ್ಲ ಮಗಳೇ. ಭೂಪಟವನ್ನು ತೆಗೆದುಕೊಂಡು ಬಾ. ನಾನು ಎಲ್ಲವನ್ನೂ ತೋರಿಸುತ್ತೇನೆ.	appā-ēkilla magaḷē.bhūpaṭavannu tegedukoṇḍu bā. nānu ellavannū tōrisuttēne.
Uma—Thank you Papa. I am coming with classmate Sathyakam.	ಉಮಾ–ಧನ್ಯವಾದಗಳು ಅಪ್ಪಾ. ನಾನು ನನ್ನ ಸಹಪಾಠಿಯಾದ ಸತ್ಯಕಾಮನ ಜೊತೆ ಬರುತ್ತೇನೆ.	umā-dhanyavādagaḷu appā.nānu nanna sahapāṭhiyāda satyakāman jote baruttēne.
Papa—O.K. my child.	ಅಪ್ಪಾ–ಸರಿ ನನ್ನ ಮಗಳೇ.	appā-sari "na magaḷē.

48TH STEP 48 ನೆಯ ಹಂತ

THE VILLAGER AND THE URBAN

ಗ್ರಾಮಸ್ಥ ಮತ್ತು ಪಟ್ಟಣಿಗ

Urbaninte—How are you! I am seeing you after a very long time.	ಪಟ್ಟಣಿಗ–ನೀವು ಹೇಗಿದ್ದೀರಿ? ನಾನು ನಿಮ್ಮನ್ನು ತುಂಬಾ ದಿನಗಳ ನಂತರ ನೋಡುತ್ತಿದ್ದೇನೆ.	paṭṭaṇiga-neevu hēgiddīri? nānu nimmannu tumbā dingaḷa naṃtara nōḍuttiddēne.
Villager—Yes friend, I have come here on a particular business and will return back this night.	ಗ್ರಾಮಸ್ತ–ಹೌದು ಸ್ನೇಹಿತನೇ. ನಾನು ಇಲ್ಲಿಗೆ ಒಂದು ವ್ಯಾಪಾರದ ವಿಷಯವಾಗಿ ಬಂದಿದ್ದೇನೆ. ಈ ದಿನ ರಾತ್ರಿಯೇ ಹಿಂದಿರುಗುತ್ತೇನೆ.	grāmasta-haudu snēhitanē.nānu illige oṃdu vyāpārada viṣayavāgi baṃdiddēne. ī din rātriyē hindiruguttēne.
Urbanite—Why so soon? Do you hesitate to stay in towns?	ಪಟ್ಟಣಿಗ–ಏಕೆ ಇಷ್ಟು ಬೇಗ? ನಿಮಗೆ ಪಟ್ಟಣದಲ್ಲಿರಲು ಹಿಂಜರಿಕೆಯೇ?	paṭṭaṇiga-ēke iṣṭu bēga? nimage paṭṭaṇadalliralu hiñjarikeyē?
Villager—Yes gentleman, I don't like town at all. I do not find any pleasure in the filthy atmosphere of the towns. Hustle and bustle irritates me.	ಗ್ರಾಮಸ್ತ–ಹೌದು ಸುಸಭ್ಯರೇ. ನಾನು ಪಟ್ಟಣವನ್ನು ಇಷ್ಟಪಡುವುದೇ ಇಲ್ಲ. ನನಗೆ ಈ ಗೊಂದಲಮಯವಾದ ಮತ್ತು ಅಶುದ್ಧವಾದ ವಾತಾವರಣದಲ್ಲಿರಲು ನನಗೆ ಯಾವ ಸಂತೋಷವೂ ಸಿಗುವುದಿಲ್ಲ. ಈ ಸದ್ದು ಗದ್ದಲ ನನಗೆ ಕಿರಿಕಿರಿಯನ್ನುಂಟು ಮಾಡುತ್ತದೆ.	grāmasta-haudu susabhyarē.nānu paṭṭaṇamanna iṣṭapaḍuvudē illa. "ge ī gondalamayavāda mattu aśuddhavāda vātāvaraṇadallirama "ge yāva santōṣavū siguvudilla. ī saddu gaddala nanage kirikiriyannunṭu māḍuttade.
Urbanite- Wonder! How can you enjoy	ಪಟ್ಟಣಿಗ–ಅದ್ಭುತ! ನೀವು ಸ್ವಲ್ಪವೂ ಸದ್ದುಗದ್ದಲವಿಲ್ಲದ ಹಳ್ಳಿಯ ವಾತಾವರಣದಲ್ಲಿ ಹೇಗೆ	paṭṭaṇiga-adbhuta! neevu svalpavū saddu gaddalavillada haḷḷiya

the life without hustle and bustle. I would not bear the calmness and silence of the village. It would make me mad.	ವಾಸಿಸುತ್ತೀರಾ? ನನಗೆ ನಿಶ್ಶಬ್ದವಾದ ಹಳ್ಳಿಯ ವಾತಾವರಣವು ನನ್ನಿಂದ ಸಹಿಸಲು ಸಾಧ್ಯವಿಲ್ಲ. ನನಗಂತೂ ಹುಚ್ಚು ಹಿಡಿಯುವಂತಾಗುತ್ತದೆ.	vātāvara ṇadalli hēge vāsimatt ī rā? nanage śśdavāda haḷḷiya vātāvaraṇavunnanda sahisalu sādhyavilla. nanagantū huccu hiḍiyuvantāguttade.
Villager—Everyman has his own attitude, but I much love the rural beauty.	ಗ್ರಾಮಸ್ಥ–ಪ್ರತಿ ಮನುಷ್ಯನಿಗೂ ಒಂದೊಂದು ಸ್ವಭಾವವಿರುತ್ತದೆ. ಆದರೆ ನನಗೆ ಹಳ್ಳಿಯ ಕಡೆಯ ಸೌಂದರ್ಯವೇ ಇಷ್ಟ.	grāmasta-prati manuṣyagū oṃdondu svabhāvavimattade. ādare "ge haḷḷiya kaḍeya saundaryavē iṣṭa.
Urbanite—Are you getting something of this modern age in your village?	ಪಟ್ಟಣಿಗ–ಈ ಆಧುನಿಕ ಯುಗದ ಬಗ್ಗೆ ನಿಮಗೆ ಏನಾದರೂ ಹಳ್ಳಿಯಲ್ಲಿದ್ದರೆ ಗೊತ್ತಾಗುತ್ತದೆಯ?	paṭṭaṇiga-ī ādhuka yugada gge mage ēnādarū haḷḷiyalliddare gottāguttadeya?
Villager—The thing which can be gotten in the village can never be gotten in the town.	ಗ್ರಾಮಸ್ಥ–ಹಳ್ಳಿಯಲ್ಲಿ ಪಡೆಯುವಂತಹದ್ದನ್ನು ಪಟ್ಟಣಗಳಲ್ಲಿ ಪಡೆಯಲಾಗುವುದಿಲ್ಲ.	grāmasta-haḷḷiyalli paḍeyuvantahamdannu paṭṭaṇagaḷalli paḍeyalāguvudilla.
Urbanite—Oh! Do you want to live in quiet atmosphere alone? Will your life not be dull without cinema, sports and other social activities?	ಪಟ್ಟಣಿಗ–ಓಹೋ! ನೀವು ಪ್ರಶಾಂತವಾದ ವಾತಾವರಣದಲ್ಲಿ ಮಾತ್ರ ವಾಸಿಸಬೇಕಲ್ಲವೇ? ನಿಮಗೆ ಸಿನಿಮಾ, ಆಟೋಟಗಳು ಮತ್ತು ಬೇರೆ ಸಾಮಾಜಿಕ ಚಟವಟಿಕೆಗಳಿಲ್ಲದೆ ಜೀವನ ಬೇಸರವೆನ್ನಿಸುವುದಿಲ್ಲವೇ?	paṭṭaṇiga-ōhō! vu praśāntavāda vātāvaraṇadalli mātra vāsisabē kallavē? mage simā, āṭōṭagaḷu mattu bēre sāmājika caṭavaṭi kegaḷillade j ī van bēsaravnemavudillavē?
Villager—I think that will be much better. Of course the town had made the human life a machine.	ಗ್ರಾಮಸ್ಥ–ಇದೇ ಉತ್ತಮವೆನಿಸುತ್ತದೆ. ನಗರಗಳು ಮನುಷ್ಯನ ಜೀವನವನ್ನು ಯಂತ್ರವನ್ನಾಗಿ ಮಾಡಿದೆ.	grāmasta-idē uttamavemattade. nagaragaḷu manuṣyan j ī vanmannu yantravannāgi māḍide.
Urbanite - But can a nation prosper without its great	ಪಟ್ಟಣಿಗ–ಆದರೆ ಒಂದು ರಾಷ್ಟ್ರ ನಗರಗಳೇ ಇಲ್ಲದೆ ಮುಂದುವರೆಯಲು ಸಾಧ್ಯವೇ?	paṭṭaṇiga-ādare oṃdu rāṣṭrangaragaḷē illade munduvareyalu

cities?		sādhyavē?
Villager- But never forget that the foundation of our nation really lies in villages. Without improvement of the village the nation cannot progress.	ಗ್ರಾಮಸ್ತ–ಆದರೆ ನಮ್ಮ ರಾಷ್ಟ್ರದ ಅಡಿಪಾಯವೇ ಹಳ್ಳಿಗಳ ಮೇಲೆ ಆಧಾರಪಟ್ಟಿದೆ ಎಂಬುದನ್ನು ಮರೆಯಬೇಡಿ. ಹಳ್ಳಿಗಳನ್ನು ಉದ್ಧಾರ ಮಾಡದಿದ್ದರೆ ರಾಷ್ಟ್ರದ ಬೆಳವಣಿಗೆ ಸಾಧ್ಯವಿಲ್ಲ.	grāmasta-ādarenmma rāṣṭrada aḍipāyavē haḷḷigaḷa mēle ādhārapaṭṭide eṃudannu mareyabēḍi. haḷḷigaḷannu uddhāra māḍadiddare rāṣṭrada beḷavaṇige sādhyavilla.
Urbanite- I admit it, but I don't think of leaving the cities.	ಪಟ್ಟಣಿಗ– ನಾನು ಅದನ್ನು ಒಪ್ಪುತ್ತೇನೆ. ಆದರೆ ನನಗೆ ಪಟ್ಟಣವನ್ನು ಬಿಟ್ಟು ಬರಲು ಇಷ್ಟವಿಲ್ಲ.	paṭṭaṇiga-nānu adannu opputtēne. ādare nanage paṭṭaṇavannu biṭṭu baralu iṣṭavilla.
VIllager- Thank you for the good talk. Now I am in a hurry. We shall talk again whenever we find time. Good bye.	ಗ್ರಾಮಸ್ತ–ನಿಮ್ಮ ಸಂಭಾಷಣೆಗೆ ತುಂಬಾ ಧನ್ಯವಾದಗಳು. ನಾನು ಈಗ ಅವಸರದಲ್ಲಿದ್ದೇನೆ. ನಾವು ಮುಂದೆ ಯಾವಾಗಲಾದರೂ ಭೇಟಿಯಾದರೆ ಮಾತನಾಡೋಣ. ನಾನು ಹೋಗಿ ಬರುತ್ತೇನೆ.	grāmasta-nimma sambhāṣaṇege tumbā dhanyavādagalu. nānu īga avasaradalliddēne. nāvu munde yāvāgalādarū bhēṭi yādare mātanāḍōṇa.nānu hōgi ruttēne.
Urbanite—Bye-bye. See you again.	ಪಟ್ಟಣಿಗ–ಶುಭವಾಗಲಿ ಹೋಗಿ ಬನ್ನಿ. ಮತ್ತೆ ಸಿಗೋಣ.	paṭṭaṇiga-śubhavāgali hōgi banni. matte sigōṇa.

49TH STEP 49 ನೆಯ ಹಂತ

THE DOCTOR AND THE PATIENT

ವೈದ್ಯರು ಮತ್ತು ರೋಗಿ

Patient—Good morning doctor! Can you spare me a few minutes?	ರೋಗಿ–ಗುಡ್‌ಮಾರ್ನಿಂಗ್ ಡಾಕ್ಟರ್! ನನಗಾಗಿ ಸ್ವಲ್ಪ ಸಮಯವನ್ನು ವ್ಯಯ ಮಾಡುತ್ತೀರಾ?	rōgi-gud morning daktar! nanagāgi svalpa samayamanna vyayamāḍuttīrā?
Doctor—Why not? Take seat. Now, tell me what is wrong with you?	ವೈದ್ಯರು–ಯಾಕಿಲ್ಲ? ಬನ್ನಿ ಕುಳಿತುಕೊಳ್ಳಿ. ಈಗ ಹೇಳಿ ನಿಮಗೆ ಏನಾಗಿದೆ?	vaidyaru-yākilla? banni kuḷitukoḷḷi. īga hēḷi nimage ēnāgide?
Patient—I have lost my appetite. I am always suffering from indigestion. And what is worse, I can't sleep in the night.	ರೋಗಿ–ನನಗೆ ಹೊಟ್ಟೆ ಹಸಿಯುತ್ತಿಲ್ಲ. ಯಾವಾಗಲೂ ಅಜೀರ್ಣದಿಂದ ಬಳಲುತ್ತಿದ್ದೇನೆ. ಇನ್ನೂ ಕೆಟ್ಟದೆಂದರೆ ರಾತ್ರಿಯಲ್ಲಿ ನನಗೆ ಸರಿಯಾಗಿ ನಿದ್ದೆ ಮಾಡಲು ಆಗುತ್ತಿಲ್ಲ.	rōgi-nanage hoṭṭe hasiyuttilla. yāvāgalū ajīrṇadinda baḷaluttiddēne. innū keṭṭadendare rātriyalli nanage sariyāgi nidde māḍalu āguttilla.
Doctor—I see. What are you?	ವೈದ್ಯರು–ಹೌದಾ. ನೀವೇನಾಗಿದ್ದೀರಿ?	vaidyaru-haudā. nivēnāgiddīri?
Patient—I am a senior proof-reader in a well established printing press. I have to work long hours on my seat.	ರೋಗಿ–ನಾನು ಒಂದು ಪ್ರತಿಷ್ಠಿತ ಮುದ್ರಣಾಲಯದಲ್ಲಿ ಹಿರಿಯ ಕರಡಚ್ಚು ತಿದ್ದುವವನಾಗಿ ಕೆಲಸಮಾಡುತ್ತಿದ್ದೇನೆ. ನಾನು ಹೆಚ್ಚಿನ ಸಮಯ ಕುಳಿತುಕೊಂಡೇ ಕೆಲಸಮಾಡಬೇಕು.	rōgi-nānu oṃḍu pratiṣṭhita mudraṇālayadalli hiriya karaḍaccu tidduvavanāgi kelasamāḍuttiddēne.nānu heccin samaya kuḷitukoṇḍē kelasamāḍabēku.
Doctor—Are you evening walk?	ವೈದ್ಯರು–ನಿಮಗೆ ಸಂಜೆಯ ಹೊತ್ತು ನಡೆದಾಡುವ ಅಭ್ಯಾಸವಿದೆಯೇ?	vaidyaru-mage sañjeya hottu naḍedāḍuva abhyāsavideyē?
Patient - No doctor, I don't go for a walk in the evening. I feel too much tired when I get	ರೋಗಿ–ಇಲ್ಲ ಡಾಕ್ಟರ್. ನಾನು ಸಾಯಿಂಕಾಲದಲ್ಲಿ ನಡೆಯಲು ಹೋಗುವುದಿಲ್ಲ. ನಾನು ಮನೆಗೆ ಬರುವಾಗಲೇ ತುಂಬಾ	rōgi-illa ḍākṭar.nānu sāyiṅkāladallinḍeyalu hōguvudilla.nānu manege ruvāgalē tumbā

home, I simply take my food and go to bed.	ಸುಸ್ತಾಗಿರುತ್ತದೆ. ನಾನು ಊಟ ಮಾಡಿ ಸುಮ್ಮನೆ ಮಲಗಿಬಿಡುತ್ತೇನೆ.	sustāgiruttade.nānu ūṭa māḍi summane malagibiḍuttēne.
Doctor—As I think, your troubles are due to your indisciplined life. Take rest and do proper physical labour.	ವೈದ್ಯರು–ನಿಮ್ಮ ಅನಾರೋಗ್ಯಕ್ಕೆ ಕಾರಣ ನಿಮ್ಮ ದೈನಂದಿನ ಚಟುವಟಿಕೆಗಳಲ್ಲಿ ಶಿಸ್ತಿಲ್ಲದೆ ಇರುವುದು. ವಿಶ್ರಾಂತಿಯನ್ನು ಪಡೆದು, ದೇಹಕ್ಕೆ ಸರಿಯಾದ ವ್ಯಾಯಾಮ ಕೊಡಿ.	vaidyaru-nimma anārōgyakke kāraṇa nimma dainṃdiṇa caṭu vaṭikegaḷalli śistillade iruvudu. viśrāntiyannu paḍedu, dēhakke sariyāda vyāyāma koḍi.
Patient—I agree you. I could not get any leave for a long time.	ರೋಗಿ–ನಾನು ಅದನ್ನು ಒಪ್ಪಿಕೊಳ್ಳುತ್ತೇನೆ. ಆದರೆ ನನಗೆ ತುಂಬಾ ದಿನಗಳು ರಜೆ ಸಿಗುವುದಿಲ್ಲ.	rōgi-nānu adannu oppikoḷḷuttēne. ādare nanage tumbā dingaḷu raje siguvudilla.
Doctor—Well. I advise you to go to any countryside for some days. Rest in the open air,keeping the doors open. Take walk in the morning and the evening. Improve your diet. Be regular in rest and sleep. I think by following these instructions you will be alright in very short period.	ವೈದ್ಯರು–ಒಳ್ಳೆಯದು. ನಾನು ನಿಮಗೆ ಹೇಳುವುದೇನೆಂದರೆ– ಯಾವುದಾದರೂ ಹಳ್ಳಿಯ ಕಡೆ ಹೋಗಿ ಶುದ್ಧವಾದ ಗಾಳಿಯಿರುವ ಪ್ರಶಾಂತವಾದ ವಾತಾವರಣವಿರುವ ಕಡೆ ಹೋಗಿ. ಚೆನ್ನಾಗಿ ಗಾಳಿ ಬರುವ ಕಡೆ ಎಲ್ಲಾ ಕಿಟಕಿಗಳನ್ನು ತೆಗೆದಿಟ್ಟು ವಿಶ್ರಾಂತಿ ಪಡೆಯಿರಿ. ಬೆಳಿಗ್ಗೆ ಮತ್ತು ಸಂಜೆ ನಡೆದಾಡಲು ಹೋಗಿ ಮತ್ತು ಒಳ್ಳೆಯ ಆಹಾರವನ್ನು ಪಡೆದು ನಿದ್ದೆ ಮಾಡಿ. ಈ ಮೇಲಿನ ನಿಯಮಗಳನ್ನು ಪಾಲಿಸಿದಲ್ಲಿ ನಿಮ್ಮ ಆರೋಗ್ಯ ಸಾಕಷ್ಟು ಮಟ್ಟಿಗೆ ಸ್ವಲ್ಪ ಅವಧಿಯಲ್ಲೇ ಸರಿಯಾಗುತ್ತದೆ.	vaidyaru-oḷḷeyadu. nānu nimage hēḷuvudēneṃdare- yāvudādarū haḷḷiya kaḍe hōgi śuddhavāda gāḷiyiruva praśāntavāda vātāvaraṇaviruva kaḍe hōgi. cennāgi gāḷi ruva kaḍe ellā kiṭakigaḷannu tegediṭ ṭu viśrānti paḍeyiri. beḷigge mattu sañjenḍedāḍalu hōgi mattu oḷḷeya āhāravannu paḍedu nidde māḍi. ī mēlin yamagaḷannu pālisidalli mma ārōgya sākaṣṭu maṭṭige svalpa avadhiyallēsariyāguttade.
Patient—Thank you doctor, I shall follow your instructions positively.	ರೋಗಿ–ಧನ್ಯವಾದಗಳು ವೈದ್ಯರೇ! ನಿಮ್ಮ ಸೂಚನೆಗಳನ್ನು ನಾನು ಖಂಡಿತವಾಗಿ ಪಾಲಿಸುತ್ತೇನೆ. ಧನ್ಯವಾದಗಳು!	rōgi-dhanyavādagalu vaidyarē! nimma sūcanegaḷannu nānu khaṇḍitavāgi pālisuttēne. dhanyavādagaḷu!
Doctor—Please visit me after ten days. I think you will improve.	ವೈದ್ಯರು–ದಯವಿಟ್ಟು ಹತ್ತು ದಿನಗಳ ನಂತರ ನನ್ನನ್ನು ಸಂದಿಸಿ. ನಿಮ್ಮ ಆರೋಗ್ಯ ಸಾಕಷ್ಟು ಸುಧಾರಿಸಿರುತ್ತದೆ.	vaidyaru-dayaviṭṭu hattu dinagaḷa naṃtara nannannu sandisi. nimma ārōgya sākaṣṭu sudhārisiruttade.

•••

50TH STEP 50 ನೆಯ ಹಂತ

SELF-INTRODUCTION

ಸ್ವ ಪರಿಚಯ

1. My name is Shahnaz.	ನನ್ನ ಹೆಸರು ಶಹನಾಜ್	nanna hesaru śahanāj
2. I am an Indian and I live in Pune.	ನಾನು ಭಾರತೀಯ ಮತ್ತು ಪೂನಾದಲ್ಲಿ ವಾಸವಾಗಿದ್ದೇನೆ.	nānu bhāratīya mattu pūnādalli vāsavāgiddēne.
3. I have just completed 17 years.	ನನಗೆ ಹದಿನೇಳು ವರ್ಷಗಳ ವಯಸ್ಸು.	nannage hadinēḷu varṣagaḷa vayassu.
4. I am a virgin.	ನಾನು ಒಬ್ಬ ಕನ್ಯೆ	nānu oba kanye
5. I am a student and studying in 10th class.	ನಾನು 10ನೇ ತರಗತಿಯಲ್ಲಿ ಓದುತ್ತಿರುವ ವಿದ್ಯಾರ್ಥಿನಿ.	nānu 10nē taragatiyalli ōduttiruva vidyārthini.
6. My father is senior officer in P.M.T.	ನಮ್ಮ ತಂದೆಯವರು ಪಿ.ಎಮ್.ಟಿ ಯಲ್ಲಿ ಹಿರಿಯ ಅಧಿಕಾರಿ ಯಾಗಿದ್ದಾರೆ.	namma tandeyavaru pi.em.ṭi yalli hiriya adhikāriyāgiddāre.
7. I have two brothers and three sisters.	ನನಗೆ ಇಬ್ಬರು ಸಹೋದರರು ಮತ್ತು ಮೂವರು ಸಹೋದರಿಯರು ಇದ್ದಾರೆ.	nanage ibbaru sahōdararu mattu mūvaru sahōdariyaru iddāre.
8. My elder brother is an engineer.	ನನ್ನ ದೊಡ್ಡ ಅಣ್ಣನವರು ಎಂಜಿನೀಯರ್ ಆಗಿದ್ದಾರೆ.	nanna doḍḍa aṇṇanvaru eṃjīniyar āgiddāre.
9. My younger brother is kind hearted.	ನನ್ನ ತಮ್ಮ ತುಂಬಾ ಸಹೃದಯಿ.	nanna tamma tumbā sahṛdayi.
10. Minaz, Gulnar and Dilshad are my younger sisters.	ಮಿನಾಜ್, ಗುಲ್ನಾರ್ ಮತ್ತು ದಿಲ್ಶಾದ್ ಎಂಬ ಮೂವರು ತಂಗಿಯರು.	mināj, gulnār mattu dilśād eṃba mūvaru taṅgiyaru.
11. They are more intelligent than me.	ಅವರೆಲ್ಲಾ ನನಗಿಂತ ಹೆಚ್ಚು ಬುದ್ಧಿವಂತರು.	avarellā nanaginta heccu buddhivantaru.

12. My aim in life is to be a scientist.	ನನ್ನ ಜೀವನದ ಗುರಿಯೆಂದರೆ ವಿಜ್ಞಾನಿಯಾಗಬೇಕೆಂಬುದು.	nanna jīvanda guriyendare vijñāniyāgabēkembudu.
13. I go to school bybicycle.	ನಾನು ಸೈಕಲ್‌ನಲ್ಲಿ ಶಾಲೆಗೆ ಹೋಗುತ್ತೇನೆ.	nānu saikalnlli śālege hōguttēne.
14. I get up somewhat late in the morning.	ನಾನು ಬೆಳಿಗ್ಗೆ ಸ್ವಲ್ಪ ತಡವಾಗಿ ಎದ್ದೇಳುತ್ತೇನೆ.	nānu beḷigge svalpa taḍavāgi eddēḷuttēne.
15. I know, this is a bad habit.	ಇದು ಕೆಟ್ಟ ಅಭ್ಯಾಸವೆಂದು ನನಗೆ ಗೊತ್ತು.	idu keṭṭa abhyāsavendu nanage gottu.
16. I am ashamed of it.	ಇದರ ಬಗ್ಗೆ ನನಗೆ ನಾಚಿಕೆಯಾಗುತ್ತದೆ.	idara bagge nācikeyāguttade.
17. Really, I am helpless.	ನಿಜವಾಗಿಯೂ ನಾನು ನಿಸ್ಸಹಾಯಕಳು.	nijavāgiyū nānu nissahāyakaḷu.
18. I intend to improve my habit.	ನಾನು ಈ ಅಭ್ಯಾಸವನ್ನು ಬದಲಿಸಿಕೊಳ್ಳಲು ಇಷ್ಟಪಡುತ್ತೇನೆ.	nānu ī abhyāsavannu badalisikoḷḷalu iṣṭapaḍuttēne.
19. I hope, I will overpower it.	ಇದರಿಂದ ನಾನು ಸುಧಾರಿಸಿಕೊಳ್ಳುತ್ತೇನೆ ಎಂಬ ನಂಬಿಕೆ ನನಗಿದೆ.	idarinda nānu sudhārisikoḷḷuttēne eṃba naṃbike nanagide.
20. I seek the help of my family members to eradicate this evil.	ನಾನು ಈ ಕೆಟ್ಟ ಅಭ್ಯಾಸವನ್ನು ಕೈಬಿಡಲು ನನ್ನ ಕುಟುಂಬದವರಿಂದ ಸಹಾಯ ಕೋರುತ್ತೇನೆ.	nānu ī keṭṭa abhyāsamannu kaibiḍalu nanna kuṭumbadavarinda sahāya kōruttēne.
21. I take a bath and thank God for his grace.	ನಾನು ಸ್ನಾನ ಮಾಡಿ ದೇವರ ಕೃಪೆಗಾಗಿ ಕೈಮುಗಿಯುತ್ತೇನೆ.	nānu snāna māḍi dēvara kṛpegāgi kai mugiyuttēne.
22. I have some pen friends too.	ನನಗೆ ಕೆಲವು ಪತ್ರ–ಮಿತ್ರರೂ ಇದ್ದಾರೆ.	nanage kelavu patra-mitrarū iddāre.
23. I write to them now and then.	ನಾನು ಆಗಾಗ ಅವರಿಗೆಲ್ಲಾ ಪತ್ರಗಳನ್ನು ಬರೆಯುತ್ತೇನೆ.	nānu āgāga avarigellā patragaḷannu bareyuttēne.
24. I respect my elders and love my youngers.	ನಾನು ದೊಡ್ಡವರನ್ನು ಗೌರವಿಸುತ್ತೇನೆ ಮತ್ತು ಚಿಕ್ಕವರನ್ನು ಪ್ರೀತಿಸುತ್ತೇನೆ.	nānu doḍḍavarannu gauravisuttēne mattu cikkavarannu prītisuttēne.
25. My mother-tongue	ನನ್ನ ಮಾತೃಭಾಷೆ ಮರಾಠಿ ಆದರೆ	nanna mātṛbhāṣe

is Marathi, but I know Hindi also.	ನನಗೆ ಹಿಂದಿ ಭಾಷೆಯೂ ಗೊತ್ತು.	marāṭhi ādare nanage hindi bhāṣeyū gottu.
26. I shall stay in Delhi for two days more.	ನಾನು ದೆಹಲಿಯಲ್ಲಿ ಇನ್ನೆರಡು ದಿನ ಇರುತ್ತೇನೆ.	nānu dehaliyalli inneraḍu dina iruttēne.
27. I will visit Red Fort, Qutab Minar, Jama Masjid, Dargar-e-Nizamuddin and Birla Mandir	ನಾನು ಕೆಂಪು ಕೋಟೆ, ಕುತುಬ್ ಮಿನಾರ್, ಜಮ್ಮಾ ಮಸೀದಿ, ದರ್ಗಾ– ಇ– ನಿಜಾಮುದ್ದೀನ್ ಮತ್ತು ಬಿರ್ಲಾ ಮಂದಿರ್ ಇವುಗಳಿಗೆ ಭೇಟಿಕೊಡುತ್ತೇನೆ.	nānu kempu kōṭe, kutub minār, jammā masīdi, dargā- i- jāmuddīn mattu birlā mandir ivugaḷige bhēṭikoḍuttēne.
28. First of all, I am an Indian. I love all my countrymen.	ಎಲ್ಲದಿಕ್ಕಿಂತ ಮೊದಲು ನಾನು ಭಾರತೀಯಳು. ನಾನು ಎಲ್ಲಾ ಭಾರತೀಯರನ್ನೂ ಪ್ರೀತಿಸುತ್ತೇನೆ.	elladikkinta modalu nānu bhāratīyaḷu. nānu ellā bhāratīyarannū prītisuttēne.
29. I want to be a useful citizen of my nation.	ನಾನು ದೇಶಕ್ಕೆ ಒಬ್ಬ ಉಪಯೋಗವಾಗುವ ಪ್ರಜೆಯಾಗಬೇಕು.	nānu dēśakke obba upayōgavāguva prajeyāgabēku.
30. I shall go to England for further studies this year.	ನಾನು ಹೆಚ್ಚಿನ ವಿದ್ಯಾಭ್ಯಾಸಕ್ಕಾಗಿ ಈ ವರ್ಷ ಇಂಗ್ಲೆಂಡಿಗೆ ಹೋಗುತ್ತೇನೆ.	nānu heccina vidyābhyāsakkāgi ī varṣa iṃgleṇḍige hōguttēne.
31. I don't believe in formality.	ನನಗೆ ಯಾವುದೇ ಕಟ್ಟುನಿಟ್ಟಾದ ನಿಯಮಗಳಲ್ಲಿ ನಂಬಿಕೆಯಿಲ್ಲ.	nanage yāvudē kaṭṭuṭṭāda niyamagaḷalli nṃbikeyilla.
32. I cordially thank you very much for your hospitality.	ನಿಮ್ಮ ಆಥಿತ್ಯಕ್ಕೆ ನನ್ನ ಹೃದಯಪೂರ್ವಕ ಧನ್ಯವಾದಗಳು.	nimma āthityakke nanna hṛdayapūrvaka dhanyavādagaḷu.
33. Finally, I hope you will overlook my faults.	ಕೊನೆಯದಾಗಿ ನನ್ನ ತಪ್ಪುಗಳನ್ನು ಕ್ಷಮಿಸುತ್ತೇನೆ ಎಂದು ಭಾವಿಸುತ್ತೇನೆ.	koneyadāgi nanna tappugaḷannu kṣamisuttēne eṃdu bhāvisuttēne.
34. I wish to be always sincere to everyone.	ನಾನು ಯಾವಾಗಲೂ ಎಲ್ಲರಿಗೂ ಪ್ರಾಮಾಣಿಕತೆಯಿಂದ ಇರಲು ಇಚ್ಛಿಸುತ್ತೇನೆ.	nānu yāvāgalū ellarigū prāmāṇikateyinda iralu icchisuttēne.

APPENDIX

ಅನುಬಂಧ

IDIOMS & PROVERS

ಪಡೆನುಡಿಗಳು ಮತ್ತು ಗಾದೆಗಳು

IDIOMS ಪಡೆನುಡಿಗಳು

1.ಅಡ್ಡಗಾಲು	adda gaalu	The obstacle

ಒಳ್ಳೆಯ ಕಾರ್ಯಕ್ಕೆ ಯಾವಾಗಲೂ **ಅಡ್ಡಗಾಲಿಡುವವರೇ** ಜಾಸ್ತಿ

2.ಕರುಳು ಸೆಳೆ	karulu Sele	To touch the heart.

ತಬ್ಬಲಿಗಳು ಕೂಡಾ ಒಮ್ಮೊಮ್ಮೆ ತಂಪೆರುಯಯುತ್ತಾರೆ. ಕರುಳು ಸೆಳೆಯುತ್ತಾರೆ ಅಲ್ಲವೇ?

3.ಅಂಬೆಗಾಲಿಕ್ಕು	ambe gaalikku	To be in a primary stage.

ಸಾಹಿತ್ಯದಲ್ಲಿ ಅಂಬೆಗಾಲಿಕ್ಕುವವರೆಲ್ಲಾ ಕವಿತೆ ಬರೆಯಬೇಕಿಲ್ಲ

4.ಹುಬ್ಬು ಗಂಟಿಕ್ಕು	hubbu gantikku	To show anger.

ಸುರೇಶ ಮನೆ ಬರುತ್ತಿದ್ದಂತೆಯೆ ಹುಬ್ಬು ಗಂಟಿಕ್ಕಿದ

5.ಮೈ ಎಲ್ಲಾ ಕಣ್ಣಾಗಿ	maiyella kannaagi	To be alert

ನಾವು ಹೊಸ ಸ್ಥಳಗಳಲ್ಲಿ ಪ್ರವಾಸ ಮಾಡುವಾಗ ನಮಗೆ ಮೈ ಎಲ್ಲಾ ಕಣ್ಣಾಗಿರಬೇಕು.

6.ಉರಿಗಣ್ಣು	urigannu	Angry sight

ಅತ್ತೆಯವರ ಉರಿಗಣ್ಣನ್ನು ತಾಳಲಾಗಲಿಲ್ಲ.

7.ಒಳಗಣ್ಣು	olagannu	Inner sight

ಯೋಗಿಗಳು ತಮ್ಮ ಒಳಗಣ್ಣಿನಿಂದ ಎಲ್ಲವನ್ನೂ ತಿಳಿದುಕೊಳ್ಳುತ್ತಾರೆ

8.ಹೊಟ್ಟೆಕಿಚ್ಚು	hottekicchu	Jealousy

ಅಕ್ಕ ತಂಗಿಯರ ಮಧ್ಯೆ ಯಾವಾಗಲೂ ಹೊಟ್ಟೆಕಿಚ್ಚಿರುತ್ತದೆ

9.ಎದೆ ಹಿಗ್ಗು	ede higgu	Over-joy

ರಾಮನು ತನ್ನ ಸಿವಿಲ್ ಸರ್ವೀಸ್ ಪರೀಕ್ಷೆಯಲ್ಲಿ ಪಾಸಾದಾಗ ಅವನ ಎದೆ ಹಿಗ್ಗಿತು.

10.ಎದೆಗುಂದು	edegundu	To loose heart

ಎಷ್ಟೇ ಕಷ್ಟಗಳು ಬಂದರೂ ಎದೆಗುಂದಬಾರದು

11.ಯಜ್ಞಪಶು	yagna pashu	Innocent

ಭಾಷಾವಿವಾದದಲ್ಲಿ ವಿದ್ಯಾರ್ಥಿಯು ಯಜ್ಞಪಶುವಾದ

12.ಬೆಕ್ಕಿನ ಹೆಜ್ಜೆ	bekkina hejje	Cat walk

ಸೀತೆಯು ಬೆಕ್ಕಿನ ಹೆಜ್ಜೆಯಿಡುತ್ತಾ ಬಂದಳು

13.ಮೊಸಳೆ ಕಣ್ಣೀರು	mosale kanneeru	Crocodile tears

ರಾಜಕೀಯದಲ್ಲಿರುವವರು ಕ್ಷಾಮದಲ್ಲಿ ಸತ್ತವರಿಗಾಗಿ ಮೊಸಳೆ ಕಣ್ಣೀರಿಟ್ಟರು

14.ನೀರು ತಪ್ಪಿದ ಮೀನು	neeru tappida meenu	Fish out of water

ನಿನ್ನ ಕಾಣದ ರಾಮು ನೀರು ತಪ್ಪಿದ ಮೀನಿನಂತೆ ಚಡಪಡಿಸಿದ

15.ಮೊಲದಂತಿರು	moladantiru	Innocent like rabbit

ಅವನ ಸ್ವಭಾವವು ಮೊಲದಂತಹದು.

16. ಸಿಂಹ ಸ್ವಪ್ನ — Simha swapna — Terrific

ರಾಮಾಯಣದಲ್ಲಿ ರಾವಣನು ಎಲ್ಲರಿಗೂ ಸಿಂಹ ಸ್ವಪ್ನದಂತಿದ್ದನು

17. ಹಂಸಗೀತೆ — hamsageete — To put an end

ಗೀತಾಳ ಜೊತೆ ಬಾಳಿಗೆ ರಾಮು ಹಂಸಗೀತೆ ಹಾಡಿದ.

18. ಹಾವಿನ ಕಿವಿ — haavina kivi — Sensitive ears

ಸೀತಾಳ ತಂಗಿಗೆ ಹಾವಿನ ಕಿವಿಯಿದ್ದ ಹಾಗೆ. ಎಲ್ಲವನ್ನೂ ಕೇಳಿಸಿಕೊಂಡಿರುತ್ತಾಳೆ.

19. ಚಿತ್ರಗುಪ್ತ — chitragupata — Spy

ಅಮೆರಿಕನ್ ಚಿತ್ರಗುಪ್ತರು ಎಲ್ಲಾ ಕಡೆ ಹಬ್ಬಿಕೊಂಡಿದ್ದಾರೆ.

20. ಜಪ ಮಾಡು — japa maadu — To wait for someone

ನೀನು ಬರುತ್ತೀಯೆಂದು ನಾನು ಜಪ ಮಾಡುತ್ತಾ ಕುಳಿತಿದ್ದೆ.

21. ಸುಗ್ರೀವಾಜ್ಞೆ — sugreevaagne — The order to be followed

ಸರ್ಕಾರವು ಕೆಲವು ಸುಗ್ರೀವಾಜ್ಞೆಗಳನ್ನು ವಿಧಿಸಿದಾಗ ನಾವು ನಿರಾಕರಿಸಲಾಗುವುದಿಲ್ಲ.

22. ಕೊನೆಯ ಗಂಟೆ ಬಾರಿಸು — koneya gante baarisu — To ring the last bell

ಕೆಲವು ವರ್ಷಗಳ ಕಾಲ ಜನಾದರಣೀಯರಾಗಿದ್ದು, ಅದೇ ರೀತಿ ಕೊನೆಯ ಗಂಟೆ ಬಾರಿಸುವವರೆಗೂ ಮೆರೆಯುತ್ತಾ ಹೋಗುತ್ತಾರೆ ಕೆಲವು ಮಂದಿ.

23. ಕುರ್ಚಿ ಖಾಲಿ ಮಾಡಿ — kurchi kaali maadi — To vacate the seat

ಸಮಾರಂಭಕ್ಕೆ ಬಂದ ಕೆಲವು ಮಂದಿ ಮುಗಿಯುವುದಕ್ಕಿಂತ ಮುಂಚೆಯೇ ಕುರ್ಚಿ ಖಾಲಿ ಮಾಡಿ ಹೋದರು.

24. ಕಿಂದರ ಜೋಗಿ — kindara jogi — Eminent person

ನಮ್ಮ ದೇಶದ ಸಮಸ್ಯೆಗಳಿಗೆ ಎಷ್ಟು ಜನ ಕಿಂದರಜೋಗಿಗಳಿದ್ದರೂ ಸಾಲದು.

25. ಕಾಸಿಗೆ ಕಾಸು ಗಂಟುಹಾಕು — kaasige kaasu gantu haaku — To be stingy

ಕೆಲವರು ಹಣದ ವ್ಯವಹಾರದಲ್ಲಿ ಕಾಸಿಗೆ ಕಾಸು ಗಂಟು ಹಾಕುತ್ತಾರೆ.

26. ಏಕಸಂಧಿಗ್ರಾಹಿ — eka sandhi graahi — To grasp things very quickly

ಸುರೇಶನು ಯಾವುದೇ ವಿಚಾರ ಹೇಳಲಿ, ಏಕಸಂಧಿಗ್ರಾಹಿಯಾಗಿರುತ್ತಾನೆ.

27. ಹೃದಯ ಕೇಂದ್ರ — hridaya kendra — Heart of the city

ಬಸ್ ನಿಲ್ದಾಣ ನಗರದ ಹೃದಯ ಕೇಂದ್ರದಲ್ಲಿದೆ.

28. ಹೃದಯವಿರಲಿ — hridaya virali — To feel for others

ನಿಮ್ಮ ಬಯಕೆಗಳನ್ನು ಅಲಕ್ಷಿಸುವಷ್ಟು ಅಮಾನವೀಯತೆ ನನ್ನಲ್ಲಿಲ್ಲ. ನನಗೂ ಹೃದಯವಿದೆ.

29. ಕಿಂದರ ಜೋಗಿ kindara jogi Eminent person

ನಮ್ಮ ದೇಶದ ಸಮಸ್ಯೆಗಳಿಗೆ ಎಷ್ಟು ಜನ ಕಿಂದರಜೋಗಿಗಳಿದ್ದರೂ ಸಾಲದು.

30. ಮೈಯೆಲ್ಲಾ ಮಲ್ಲಿಗೆಯಾಗು maiyella mallige aagu To be joyful

ಸಣ್ಣ ಮಕ್ಕಳಿಗೆ ಬೇಕಾದದ್ದು ದೊರೆತರೆ ಮೆಯೆಲ್ಲಾ ಮಲ್ಲಿಗೆಯಾಗುತ್ತಾರೆ.

31. ಮೈಉಳಿಸಿಕೊ maiulisiko To be lazy

ಮೈಗಳ್ಳರು ಕೆಲಸದಲ್ಲಿ ಹಿಂದಾದರೂ ಮೈ ಉಳಿಸಿಕೊಳ್ಳುವುದರಲ್ಲಿ ಮುಂದು.

32. ಮೈಚರ್ಮ ಸುಲಿ maicharma suli To punish

ಇನ್ನೊಮ್ಮೆ ಹೀಗೆ ಮಾಡಿದರೆ ಮೈ ಚರ್ಮ ಸುಲಿದುಬಿಡುತ್ತೇನೆ.

33. ರಕ್ತ ಕುದಿ rakta kudhi To be angrer

ಅವನ ನೀಚಕೃತ್ಯ ನೋಡಿ ನನ್ನ ರಕ್ತ ಕುದಿಯಿತು.

34. ರೆಪ್ಪೆ ಹೊಡೆದಂತೆ reppe hodedante Wink of an eye

ರೆಪ್ಪೆ ಹೊಡೆಯುವಷ್ಟರಲ್ಲಿ ಬಂದುಬಿಡುತ್ತೇನೆ.

35. ರಕ್ತ ಹೀರು rakta heeru To suck the blood

ಬಡವರ ರಕ್ತ ಹೀರುವ ಬಂಡವಾಳಶಾಹಿಗಳೂ ಇನ್ನೂ ಇದ್ದಾರೆ.

36. ಹಲ್ಲು ಕಿರಿ hallu kiri To tease others

ಬೇರೆಯವರನ್ನು ನೋಡಿ ಹಲ್ಲುಕಿರಿಯಬಾರದು.

37. ಸಹೃದಯ sahridaya Kind hearted

ಈಗೀಗ ಸಹೃದಯಿಗಳ ಸಂಖ್ಯೆ ಕಡಿಮೆಯಾಗುತ್ತಾ ಬರುತ್ತಿದೆ.

38. ಹೃದಯ ಅರಳು hridaya aralu To be satisfied

ಯಾರಿಗಾದರೂ ಕಷ್ಟದಲ್ಲಿ ನೆರವಾದರೆ ಅವರ ಹೃದಯ ಅರಳುತ್ತದೆ.

39. ಅಜಗಜಾಂತರ ajagajaantara Vast difference

ಅಣ್ಣತಮ್ಮಂದಿರಬ್ಬರ ನಡತೆಯಲ್ಲಿ ಅಜಗಜಾಂತರ ವ್ಯತ್ಯಾಸವಿದೆ.

40. ಎಮ್ಮೆ ಚರ್ಮ emme charma Insensitive

ಅವನಿಗೆ ಎಮ್ಮೆಯ ಚರ್ಮದಂತೆ ಬಹು ಗಟ್ಟಿ ಚರ್ಮ. ಏಟು ತಗುಲಿದರೂ ಏನು ಆಗುವುದಿಲ್ಲ.

41. ಓತಿಕ್ಯಾತ ltikyaata Chameleon

ಅವನು ಓತಿಕ್ಯಾತದಂತೆ ತನ್ನ ಅಭಿಪ್ರಾಯಗಳನ್ನು ಕ್ಷಣಕ್ಷಣಕ್ಕೂ ಬದಲಿಸುತ್ತಾನೆ.

42. ಕೂಪ ಮಂಡೂಕ loopa Mandooka Narrow minded

ನಮಗೆ ನಾವೇ ಎಂದು ಬಾವಿಯ ಕಪ್ಪೆಯ ಹಾಗೆ ಕುಳಿತಿರುವ ಕಾಲ ಹೋಯಿತು.

43. ಲಂಗು ಲಗಾಮಿಲ್ಲದ ಕುದುರೆ langu lagaamilladakudure Irresponsible person

ಆ ಮನುಷ್ಯನಿಗೆ ಲಂಗು ಲಾಗಾಮು ಏನಿಲ್ಲ.

44.	ಕಾಗೆ ಬಳಗ	Kaage balaga	Having more friends and relatives
	ಕಾಗೆ ಬಳಗದ ಹಾಗೆ ಈ ಊರಿನಲ್ಲಿ ನನಗೆ ತುಂಬಾ ಜನ ಬಂಧುಗಳಿದ್ದಾರೆ.		
45.	ಪಶು	Pashu	Animal behaviour
	ಅವನು ಮನುಷ್ಯನಲ್ಲ ಪಶು		
45	ಮಾರ್ಜಾಲ ಭಕ್ತಿ	Marjaala Bhakti	False faith
	ಕೆಲವರಿಗೆ ದೇವರಲ್ಲಿ ಮಾರ್ಜಾಲ ಭಕ್ತಿ ಹೆಚ್ಚಾಗಿ ಹುಚ್ಚರಾಗುತ್ತಾರೆ.		
46	ಸಿಂಹದ ಬಾಲ ಎಳೆ	Simhada baala Eli	Doing dangerous task
	ಈ ಕೆಲಸದಲ್ಲಿ ನೀನು ಕೈಯಿಟ್ಟರೆ ಸಿಂಹದ ಬಾಲವನ್ನು ಎಳೆದಂತೆಯೇ.		
47	ಸಿಂಹಪಾಲು	Simha paalu	Major share
	ಸಿಕ್ಕರೆ ಸಿಂಹದ ಪಾಲು ಎನ್ನುವುದು ಭಿಕ್ಷುಕರ ಸಿದ್ಧಾಂತ		
48.	ಸೂರ್ಯಚಂದ್ರರಿರುವವರೆ	Soorya-chandra riruvavarege	Having more Until sun and moon's existence
	ಮಹಾತ್ಮರ ಕೀರ್ತಿ ಸೂರ್ಯಚಂದ್ರರಿರುವವರೆಗೂ ಇರುತ್ತದೆ.		
49	ರಾಮಬಾಣ	Raama baana	Effective
	ನಾನು ಕೊಟ್ಟ ಔಷಧಿಯು ಅವಳಿಗೆ ರಾಮಬಾಣದಂತೆ ಕೆಲಸಮಾಡಿತು.		
50.	ಅಜಾತಶತ್ರು	Ajaata shathru	Person without. enemies
	ಒಳ್ಳೆಯ ಮನೋಭಾವದವರು ಯಾವಾಗಲೂ ಅಜಾತಶತ್ರುಗಳಾಗಿರುತ್ತಾರೆ.		
51.	ಅಕ್ಷಯ ಪಾತ್ರೆ	Akshaya paatre	Perennial source
	ಅವರ ಮನೆ ಅಕ್ಷಯಪಾತ್ರವಿದ್ದಂತೆ. ಸಕಲವೂ ದೊರೆಯುತ್ತದೆ.		
52.	ದೂರ್ವಾಸ ಮುನಿ	Doorvaasamuni	Angry person
	ಶ್ರೀಧರನು ದೂರ್ವಾಸ ಮುನಿಗಳ ಅಪರಾವತಾರವೇ ಸರಿ.		
53.	ಬಕಾಸುರ	Bakaasura	Greedy of food
	ಅವನೊಬ್ಬ ಬಕಾಸುರ. ಯಾವಾಗಲೂ ತಿನ್ನುವುದರಲ್ಲೇ ಆಸಕ್ತಿ.		
54	ಉಪ್ಪಿಲ್ಲದ ಊಟ	Uppillada Oota	Tasteless food
	ಸಾವಿತ್ರಮ್ಮನವರ ಅಡಿಗೆ ರಾಯರಿಗೆ ಉಪ್ಪಿಲ್ಲದ ಊಟವಾಗಿತ್ತು.		
55.	ಎಣ್ಣೆ ಹಾಕಿರು	Enne Haakiru	To be under intoxication
	ರಾಮನು ನಿನ್ನೆ ರಾತ್ರಿ ಮನೆಗೆ ಬಂದಾಗ ಎಣ್ಣೆ ಹಾಕಿಕೊಂಡು ಬಂದಿದ್ದ.		
56	ಕಬ್ಬು ಕತ್ತರಿಸಿದ ಹಾಗೆ	Kabbu kattarisida Haage	Cut and right
	ಅವನು ಕಬ್ಬು ಕತ್ತರಿಸಿದ ಹಾಗೆ ಮಾತನಾಡಿಬಿಟ್ಟ		

57 ಪುಸ್ತಕದ ಬದನೆಕಾಯಿ — pustakada badane kaayi — Book worm

ಶಂಕರನು ಒಬ್ಬ ಪುಸ್ತಕದ ಬದನೆಕಾಯಿ. ಪುಸ್ತಕ ಜ್ಞಾನ ಬಿಟ್ಟರೆ ಬೇರೊಂದಿಲ್ಲ.

58. ಬೆಲ್ಲದ ಮಾತಾಡು — bellada maatadu — Sugar coated words

ಅವಳು ಯಾವಾಗಲೂ ಬೆಲ್ಲದಂತ ಮಾತುಗಳನ್ನಾಡುತ್ತಾಳೆ.

59. ಒನ್ ವೇ ಟ್ರಾಫಿಕ್ — von ve traffic — One way traffic

ನಮ್ಮಿಬ್ಬರಲ್ಲಿ ಗೆಳತನದಲ್ಲಿ ಯಾವಾಗಲೂ ನಾನೇ ಖರ್ಚುಮಾಡಬೇಕು.

60 ಫ್ರೆಂಚ್ ಲೀವ್ — french leave — Unauthorised leave

ಅವನು ಹೇಳದೆ ಕೇಳದೆ ಫ್ರೆಂಚ್ ಲೀವ್ ಹಾಕಿ ಊರಿಗೆ ಹೋಗಿದ್ದಾನೆ.

61. ಅಂತರಂಗದ ಗೆಳೆಯ — antarangada geleya — Intimate friend

ನಾನು ಮತ್ತು ಹರೀಶ್ ಚಿಕ್ಕವಯಸ್ಸಿನಿಂದಲೂ ಅಂತರಂಗದ ಗೆಳೆಯರು.

62. ಅಟ್ಟಕ್ಕೇರಿಸು — attakkerisu — Praise too much

ಅವಳನ್ನು ಹೊಗಳಿ ಹೊಗಳಿ ಅಟ್ಟಕ್ಕೇರಿಸಬೇಡ.

63. ಅಡವಿಪಾಲು — adavi paalu — To get spoiled

ಇದ್ದಾಗ ಮಜಮಾಡಿ ಈಗ ಅಡವಿಪಾಲಾದರೆ 'ಅಯ್ಯೋ ಪಾಪ' ಎನ್ನುವವರು ಯಾರು?

64. ಅಜರಾಮರವಾಗಿರು — ajraamaravaagiru — Permanent

ನಮ್ಮನ್ನು ದೇ [illegible]ಲ್ಲಿ ಕೆಲವು ಸ್ಮಾರಕಗಳು ಅಜರಾಮರವಾಗಿವೆ.

65. ಅಡ್ಡಾಡು — addaadu — To walk to and fro

ರಾಯರು ಊಟವಾದ ಮೇಲೆ ಸ್ವಲ್ಪಹೊತ್ತು ಅಡ್ಡಾಡುತ್ತಾರೆ.

66. ಅಪ್ಪಣೆ ಚೀಟಿ ಪಡೆದುಕೊ — appane cheeti padaduko — To get gate pass

ಆಸ್ಪತ್ರೆಯಲ್ಲಿ ನರಳುತ್ತಿದ್ದ ರೋಗಿ ನಿನ್ನೆಯೇ ಅಪ್ಪಣೆ ಚೀಟಿ ಪಡೆದುಕೊಂಡ.

67. ಆಯಸ್ಕಾಂತದಂತಿರು — ayaskantadantiru — Attractive personality

ನೆಹರೂ ಅವರು ರಾಜಕೀಯದಲ್ಲಿ ಆಯಸ್ಕಾಂತದ ವ್ಯಕ್ತಿಯಾಗಿದ್ದರು.

68. ಅರಳು ಹುರಿದ ಹಾಗೆ — aralu hurida haage — Spontaneous talk

ಅವಳು ನಿನ್ನೆ ಕಾಲೇಜಿನ ಚರ್ಚಾ ಸ್ಪರ್ಧೆಯಲ್ಲಿ ಅರಳು ಹುರಿದಂತೆ ಮಾತನಾಡಿದಳು

69. ಬಲಿ ಪಶು ಆಗು — bali pashu aagu — To be a victim

ಅವನು ತನ್ನ ಮನೆಯಲ್ಲಿ ಯಾವಾಗಲೂ ಬಲಿಪಶುವಿನಂತೆ ಇರುತ್ತಿದ್ದ.

70. ಇತಿ ಮಿತಿ ಇಲ್ಲದೆ — iti miti illade — To cross the limits

ಗೀತಾ ಇತಿ ಮಿತಿಯಿಲ್ಲದೆ ಮಾತನಾಡುತ್ತಾಳೆ.

PROVERBS ಗಾದೆಗಳು

1. ಮನಸ್ಸಿದ್ದರೆ ಮಾರ್ಗ	manassiddare mārga	Where there is a will there is a way.
2. ತುಂಬಿದ ಕೊಡ ತುಳುಕುವುದಿಲ್ಲ.	tumbida koḍa tuḷukuvudilla.	Empty vessels make more noise.
3. ನಿಧಾನವೇ ಪ್ರಧಾನ	nidhānavē pradhāna	Slow and steady wins the race.
4. ಆಪತ್ತಿಗಾದವನೇ ನಿಜವಾದ ಮಿತ್ರ	āpattigādavanē nijavāda mitra	A friend in need is a friend in deed
5. ಪ್ರಾಮಾಣಿಕತೆ ಮನುಷ್ಯನನ್ನು ಕಾಪಾಡುತ್ತದೆ.	prāmāṇikate manuṣyanannu kāpāḍuttade.	Honesty is the best policy.
6. ದುಡ್ಡೇ ದೊಡ್ಡಪ್ಪ	duḍḍē doḍḍappa	Money makes many things.
7. ಕತ್ತೆಗೆ ಏನು ಗೊತ್ತು ಗಂಧದ ವಾಸನೆ	kattege ēnu gottu gandhada vāsane	To caste pearls before a swine
8. ನೀರಿಗಿಂತ ರಕ್ತ ಮಂದ	nīriginta rakta manda	Pen is mightier than sword
9. ಒಗ್ಗಟ್ಟೇ ಬಲ	oggaṭṭē bala	Union is streangth.
10. ಮಾಡಿದ್ದುಣ್ಣೋ ಮಾರಾಯ	māḍidduṇṇō mārāya	Reap what you sow.
11. ಆರೋಗ್ಯವೇ ಭಾಗ್ಯ	ārōgyavē bhāgya	Health is wealth
12. ಸದ್ವರ್ತನೆಯೇ ಸೌಂದರ್ಯ	sadvartaneyē saundarya	Handsome is he that handsome does.
13. ಅನುಭವಿಸುವವರಿಗೆ ಮಾತ್ರ ಗೊತ್ತು ನೋವಿನ ತೀವ್ರತೆ	anubhavimavavarige mātra gottu nōvina tīvrate	The best knows where the shoe pinches.
14. ಮುಂಬರುವ ಸಂದರ್ಭಗಳು ತಮ್ಮ ನೆರಳಿನಿಂದ ಸೂಚಿಸುತ್ತವೆ.	mumbaruva sandarbhagaḷu tamma neraḷininda sūcisuttave.	Coming events cast their shadows.
15. ಏಟಿಗೆ ಏಟು	ēṭige ēṭu	Tit for tat.
16. ಸೌಂದರ್ಯದಿಂದ ದುಃಖ ಅದೃಷ್ಟದಿಂದ ಸುಖ	saundaryadinda duḥkha adṛṣṭadinda sukha	Beauty weeps, fortune enjoys.
17. ಬೊಗಳುವ ನಾಯಿ ಕಚ್ಚುವುದಿಲ್ಲ.	bogaḷuva nāyi kaccuvudilla.	Barking dog seldom bites.
18. ಒಂದು ಹೂವಿನಂದ ಮಾಲೆಯಾಗುವುದಿಲ್ಲ	oṃdu hūvinanda māleyāguvudilla	One flower never makes a garland.

19.ತಪ್ಪು ಮಾಡುವುದು ಮಾನವನ ಸಹಜ ಗುಣ.	tappu māḍuvudu mānavana sahaja guṇa.	To err is human
20.ಹೊಳೆಯುವುದೆಲ್ಲಾ ಚಿನ್ನವಲ.	hoḷeyuvudellā cinnavala	All that glitters is not gold
21.ಮುಳ್ಳನ್ನು ಮುಳ್ಳಿನಿಂದ ತೆಗೆ.	muḷḷannu muḷḷininda tege.	Diamond cuts diamond.
22.ಕೈಲಾಗದವನು ಮೈ ಪರಚಿಕೊಂಡ	kailāgadavanu mai paracikoṇḍa	A bad workman quarrels with his tools.
23.ನಾಯಿ ಬೊಗಳಿದರೆ ದೇವಲೋಕ ಹಾಳಾಗುವುದಿಲ್ಲ.	nāyi bogaḷidare dēvalōka hāḷāguvudilla.	Cattle do not die from crow's cursing.
24.ಕಾಸಿಗೆ ಜಾಣ, ಕೋಟೆಗೆ ಕೋಣ	kāsige jāṇa, kōṭege kōṇa	Penny wise pound foolish
25.ಅಲ್ಪಜ್ಞಾನದಿಂದ ಅನಾಹುತ	alpajñānadinda anāhuta	A little knowledge is a dangerous thing.

KANNADA-ENGLISH DICTIONARY

ಕನ್ನಡ–ಇಂಗ್ಲೀಷ್ ಶಬ್ದಕೋಶ

Classified Glossary

ವರ್ಗೀಕೃತ ಶಬ್ದ ಸೂಚಿ

1.Relations ಸಂಬಂಧಗಳು

ಚಿಕ್ಕಪ್ಪ	Uncle
ಚಿಕ್ಕಮ್ಮ	Aunt
ಅತ್ತಿಗೆ	Sister-in-law
ತಾತ	Grandfather
ಅಜ್ಜಿ	Grandmother
ಅಳಿಯ	Soninlaw
ತಾತ(ತಾಯಿಗೆ ಅಪ್ಪ)	Grandfather
ಅಜ್ಜಿ(ತಾಯಿಗೆ ಅಪ್ಪ)	Grandmother
ಗಂಡ	husband
ಹೆಂಡತಿ	wife
ತಂದೆ	Father
ಮಗ	Son
ಸೊಸೆ	Daughter-in-law
ಮಗಳು	Daughter
ಸಹೋದರಿ	Sister
ಸೋದರಳಿಯ	Nephew
ಸೋದರ ಸೊಸೆ	Niece
ಸೋದರ ಮಾವ	Maternal uncle
ಸೋದರ ಅತ್ತೆ	Maternal Aunt
ತಾಯಿಗೆ ತಂಗಿ	Aunt
ಮಾವ(ಗಂಡನಿಗೆ ಅಪ್ಪ)	Father-in-law
ಅತ್ತೆ (ಗಂಡನಿಗೆ ಅಮ್ಮ)	Mother-in-law
ಮಲತಾಯಿ	Step mother

2.Domestic Articles ಮನೆ ಬಳಕೆಯ ವಸ್ತುಗಳು

ಅಲ್ಮೈರಾ	Step mother
ಕುರ್ಚಿ	Chair
ಕತ್ತರಿ	Scissors
ಚಾಪೆ	Mat
ಚಮಚ	Spoon
ಬೀಗದ ಕೈ	Key
ಹಾಸಿಗೆ	Bed
ಒಲೆ	Stove
ಛತ್ರಿ	Umbrella
ಬುಟ್ಟಿ	Basket
ಬೀಗ	Lock
ತಟ್ಟೆ	Plate
ಪೆಟ್ಟಿಗೆ	Box
ಮಡಕೆ	Pot
ಬಕೆಟ್ಟು	Bucket
ಮೇಜು	Table
ಮೇಣದ ಬತ್ತಿ	Candle
ಪೆಟ್ಟಿಗೆ	Box
ಸಾಬೂನು	Soap
ಸೂಜಿ	Needle
ಸುತ್ತಿಗೆ	Hammer
ಸೀಸದ ಕಡ್ಡಿ	Pencil
ಅಂಚೆ ಪತ್ರ	Post-card
ಫೈಲು	File
ಮೊಹರು	Seal
ಅಳಿಸುವ ರಬ್ಬರ್	Eraser
ರಬ್ಬರ್ ಮೊಹರು	Rubber Stamp
ಕಸದ ಬುಟ್ಟಿ	Dustbin
ಲಕೋಟೆ	Envelope
ಶಾಯಿ (ಇಂಕ್)	Ink
ಒತ್ತುವ ಕಾಗದ	Blotting paper

3.Stationery ಲೇಖನ ಸಾಮಗ್ರಿಗಳು

ವಾರ್ತಾಪತ್ರಿಕೆ	Newspaper
ಪಿನ್ನು	Pin
ಲೇಖನಿ	Pen
ಕಾಗದ	Paper
ಅಂಚೆ ಚೀಟಿ	Postal stamp
ತಂತಿ	Wire
ಶಾಯಿಯ ಬುಡ್ಡಿ	Ink pot
ನಕಲು ಕಾಗದ	Carbon paper
ನಕಲು ಮಾಡುವುದು	Copying
ಭೂಪಟ	Map

4.Parts of the body

ಶರೀರದ ಅಂಗಗಳು

ಕಾಲ್ಬೆರಳು	Toe
ಕೈಬೆರಳು	Finger
ಹೆಬ್ಬೆರಳು	Thumb
ಕಣ್ಣು	Eye
ತುಟಿ	Lip
ಹಿಮ್ಮಡಿ	Heel
ಭುಜ	Shoulder
ಸೊಂಟ	Waist
ಕಿವಿ	Ear
ತಲೆ ಬುರಡೆ	Skull
ಕುತ್ತಿಗೆ	Neck
ಗಂಟಲು	Throat
ಕೆನ್ನೆ	Cheek
ಮೊಣಕಾಲು	Knee
ಚರ್ಮ	Skin
ಮುಖ	Face
ಎದೆ	Chest
ಸ್ತನ	Breast
ತೊಡೆ	Thigh
ನಾಲಿಗೆ	Tongue
ಗಲ್ಲ	Chin
ಗಡ್ಡ	Beard
ಹಲ್ಲು	Teeth
ಮೆದುಳು	Brain
ರಕ್ತನಾಳ	Vein
ಮೂಗು	Nose
ಬೆನ್ನು	Back
ಹೊಟ್ಟೆ	Stomach
ಸ್ನಾಯು	Muscle
ಪಾದ	Foot
ಶ್ವಾಸಕೋಶ	Lungs
ಕೂದಲು	Hair
ಒಸಡು	Gums
ಬಾಯಿ	Mouth
ಬೆನ್ನುಮೂಳೆ	Backbone
ಮೂಳೆ	Bone
ಅಂಗೈ	Palm
ಹೃದಯ	Heart

5.Ailments ರೋಗಗಳು

ಕುಷ್ಠರೋಗ	Leprosy
ಮಲಬದ್ಧತೆ	Constipation
ಕೆಮ್ಮು	Cough
ಕೀಲುನೋವು	Rheumatism
ರೋಗ ತಗುಲಿದ ಗುಳ್ಳೆ	Tumour
ಕಿವುಡು	Deaf
ತಲೆಸುತ್ತುವುದು	Giddiness
ಸೀನುವುದು	Sneezing
ಜ್ವರ	Fever
ಉಬ್ಬಸ	Asthama
ಹುಳುಕಡ್ಡಿ	Ringworm
ಮೂತ್ರಪಿಂಡದ ಕಲ್ಲುಗಳು	Kidney stones
ಬೆವರು	Sweat
ಹುಚ್ಚುತನ	Insanity
ಕೀವು	Pus
ಕಾಮಾಲೆ	Jaundice
ಅತಿಸಾರ	Dysentry
ಪ್ರದರ ರೋಗ	Leucorrhoea
ಸುಟ್ಟುಗಾಯಗಳು	Burns
ಕಫ	Phlegm
ಮೂಲವ್ಯಾಧಿ	Piles
ಮದುಮೇಹ	Diabetes
ಜ್ವರ	Fever
ಹಸಿವು	Hunger
ಮೂತ್ರ	Urine
ಕೊಬ್ಬು	Fatness
ಕಣ್ಣಿನ ಪೊರೆ	Cataract
ರಕ್ತಹೀನತೆ	Anemia
ಲಕ್ವಾ	Paralysis
ಮಲ	Stool
ಸಿಡುಬು	Small-pox
ತಲೆನೋವು	Headache
ಊತ	Swelling
ಕಾಲರಾ	Cholera

6.Clothes and wearing

ಉಡಿಗೆ-ತೊಡಿಗೆಗಳು

ಕರವಸ್ತ್ರ	Napkin
ಅಂಗಿ	Shirt
ಹೊದಿಕೆ	Blanket
ಕೋಟ್	Coat
ಹರವು	Sheet
ಜೇಬು	Pocket
ಚೌಕ (ಟವೆಲ್)	Towel
ಕೈಚೀಲ	Purse
ಶಾಲು	Shawl
ಷರಾಯಿ	Pant
ಪಾಯಿಜಾಮ	Pyjama
ಗುಂಡಿ	Button

ಹತ್ತಿ	Cotton
ರೇಷ್ಮೆ	Silk
ನಿಲುವಂಗಿ	Gown
ಲಂಗಾ	Petticoat
ಪೇಟ	Turban

7.Ornaments ಆಭರಣಗಳು

ಉಂಗುರ	Ring
ಕಂಕಣ	Bracelet
ಬಳೆ	Bangle
ಹೂಮಾಲೆ	Garland
ಹವಳ	Coral
ಮುತ್ತು	Pearl
ವಜ್ರ	Diamond

8.Flowers, Fruits and Vegetables

ಹೂ, ಹಣ್ಣು ಮತ್ತು ತರಕಾರಿಗಳು

ಮಾವಿನಕಾಯಿ	Mango
ಆಲುಗಡ್ಡೆ	Potato
ದ್ರಾಕ್ಷಿ	Grapes
ಅತ್ತಿ ಹಣ್ಣು	Fig
ಕಬ್ಬು	Sugarcane
ಕಮಲ	Lotus
ಕುಂಬಳಕಾಯಿ	Pumpkin
ಬಾಳೆಹಣ್ಣು	Banana
ಖರ್ಜೂರ	Dates
ಗಜ್ಜರಿ	Carrot
ಗುಲಾಬಿ	Rose
ಹುಲ್ಲು	Grass
ಜಂಬುನೇರಳೆ	Jambul
ಕಲ್ಲಂಗಡಿ	Watermelon
ತೆಂಗಿನಕಾಯಿ	Coconut
ಕಿತ್ತಳೆ ಹಣ್ಣು	Orange
ನಿಂಬೆ	Lemon
ಪರಂಗಿ ಹಣ್ಣು	Papaya
ಪುದೀನಾ	Mint
ಗಿಡ	Plant
ಈರುಳ್ಳಿ	Onion
ಹೂಕೋಸು	Cauliflower
ಗೆಡ್ಡೆ ಕೋಸು	Cabbage
ಬದನೆಕಾಯಿ	Brinjal
ಮೆಣಸಿನಕಾಯಿ	Chilli
ಕಡಲೆಕಾಯಿ	Groundnut
ಮೂಲಂಗಿ	Raddish
ಬೆಳ್ಳುಳ್ಳಿ	Garlick
ಸೇಬು ಹಣ್ಣು	Apple

9.Minerals ಲೋಹಗಳು

ಕಲ್ಲಿದ್ದಿಲು	Coal
ಬೆಳ್ಳಿ	Silver
ತಾಮ್ರ	Copper
ಪಾದರಸ	Mercury
ಹಿತ್ತಾಳೆ	Brass
ತವರ	Tin
ಸೀಸ	Lead
ಕಬ್ಬಿಣ	Iron

10.Cereals & Eatables

ಧಾನ್ಯಗಳು ಮತ್ತು ಆಹಾರ ಪದಾರ್ಥಗಳು

ಜೋಳದ ಹಿಟ್ಟು	Cornflour
ಕಾಫಿ	Coffee
ಗೋದಿ	Wheat
ಕಡಲೆ	Gram
ಚಪಾತಿ	Chapathi
ಚಹಾ	Tea
ಸಕ್ಕರೆ	Sugar
ಜವೆ (ಬಾರ್ಲಿ)	Barley
ಎಣ್ಣೆ	Oil
ಮೊಸರು	Curd
ಬೇಳೆ	Dhal
ಹಾಲು	Milk
ಚೀಸ್	Cheese
ಜೋಳ	Maize
ಆಹಾರ	Food
ಬೆಣ್ಣೆ	Butter
ಕೆನೆ	Cream
ಮಾಂಸ	Meat
ಸಿಹಿತಿಂಡಿಗಳು	Sweats
ಹಣ್ಣಿನ ಮುರಬ್ಬಾ	Jam
ಮೈದಾ ಹಿಟ್ಟು	Fine flour
ಬ್ರೆಡ್	Bread
ಕಲ್ಲುಸಕ್ಕರೆ	Loaf-sugar
ದ್ರಾಕ್ಷಾರಸ	Wine
ಜೇನುತುಪ್ಪ	Honey

11.Occupation ವೃತ್ತಿಗಳು

ಅಧ್ಯಾಪಕ	Teacher
ಕುಶಲಕರ್ಮಿ	Artisan
ಚಿತ್ರಗಾರ	Artist
ವ್ಯವಸಾಯಿ	Farmer
ಖಜಾಂಚಿ	Treasure
ಚಮ್ಮಾರ	Cobbler
ಚಿನ್ನದ ವ್ಯಾಪಾರಿ	Jeweller

ನೇಕಾರ	Weaver
ಹಿತ್ತಾಳೆಗಾರ	Brasier
ಅಂಚೆಯವರು	Post-man
ವೈದ್ಯರು	Doctor
ಗಾಣಿಗ	Oil-merchant
ದರ್ಜಿ	Tailor
ದಂತ ವೈದ್ಯರು	Dentist
ಅಂಗಡಿಮಾಲಿಕ	Shopkeeper
ಅಗಸ	Washerman
ಕಾವಲುಗಾರ	Watchman
ಗಿಡುಗ	Hawker
ಬಡಗಿ	Carpenter
ಬಿಕ್ಷುಕ	Beggar
ಮೀನುಗಾರ	Fisherman
ದೋಣಿ ಚಾಲಕ	Boatman
ಕೈತೋಟ ಮಾಡುವವನು	Gardener
ಗುಮಾಸ್ತ	Clerk
ಗುಡಿಸುವವನು	Sweeper
ಹಣದ ಗುಮಾಸ್ತ	Cashier
ಬಣ್ಣ ಹೊಡೆಯುವವನು	Painter
ಲೇಖಕ	Writer
ಆಚಾರಿ	Goldsmith
ಸಂಪಾದಕ	Editor
ಸಿಹಿತಿಂಡಿಗಳನ್ನು ಮಾರುವವನು	Confectioner

12.Animals ಪ್ರಾಣಿಗಳು

ಒಂಟೆ	Camel
ನಾಯಿ	Dog
ಮೊಲ	Rabbit
ಕತ್ತೆ	Doneky
ಹಸು	Cow
ಕುದುರೆ	Horse
ಇಲಿ	Rat
ಬಾಲ	Tail
ನೊಣ	Housefly
ಪಕ್ಷಿ/ಪ್ರಾಣಿಯ ಉಗುರು	Claw
ನಾಯಿಮರಿ	Puppy
ಗಂಡುಮೇಕೆ	He-goat
ಹೆಣ್ಣು ಮೇಕೆ	She-goat
ಕರು	Caugh
ಬೆಕ್ಕು	Cat
ಮಂಗ	Monkey
ಎತ್ತು	Ox
ಕರಡಿ	Bear
ಕುರಿ	Sheep
ಕುರಿಮರಿ	Lamb
ನರಿ	Fox
ಎತ್ತು (ಗೂಳಿ)	Bull
ತೋಳ	Wolf
ಸಿಂಹ	Lion
ಹಂದಿ	Pig
ಜಿಂಕೆ	Deer
ಆನೆ	Elephant

13.Birds ಪಕ್ಷಿಗಳು

ಮೊಟ್ಟೆ	Egg
ಗೂಬೆ	Owl
ಪಾರಿವಾಳ	Pigeon
ಕುಕ್ಕೂ	Cuckoo
ಕಾಗೆ	Crow
ಗರುಡ ಪಕ್ಷಿ	Eagle
ಗುಬ್ಬಚ್ಚಿ	Sparrow
ಗೂಡು	Nest
ಬಾವಲಿ	Bat
ಗಾಳಿಪಟ	Kite
ಕೊಕ್ಕು	Beak
ರೆಕ್ಕೆ	Feather
ಪಂಜರ	Cage
ಕೋಗಿಲೆ	Nightingale
ಹುಂಜ	Cock
ಕೋಳಿ	Hen
ನವಿಲು	Peacock
ಬಾತುಕೋಳಿ	Duck
ಹಂಸ ಪಕ್ಷಿ	Swan

SOME IMPORTANT KANNADA VERBS

ಕನ್ನಡ ಭಾಷೆಯಲ್ಲಿ ಕೆಲವು ಮುಖ್ಯವಾದ ಕ್ರಿಯಾಪದಗಳು

ಓಡುವುದು	To run
ಕುಣಿಯುವುದು	To dance
ಬರುವುದು	To come
ಪ್ರೇರೇಪಿಸುವುದು	To prompt
ಜೋಡಿಸುವುದು	To arrange
ಒಡೆಯುವುದು	To break
ಮುಚ್ಚುವುದು	To cover
ಕತ್ತರಿಸುವುದು	To cut
ಸಂಪಾದಿಸುವುದು	To earn
ಬಿಗಿ ಮಾಡುವುದು	To tighten
ಹೇಳುವುದು	To say
ತಿರುಗಿಸುವುದು	To turn
ಬೆಳೆಯುವುದು	To grow
ನಾಶಮಾಡವುದು	To spoil
ಮೇಲೆತ್ತುವುದು	To rise up
ಇಳಿಯುವುದು	To get down
ಖಾಲಿಮಾಡುವುದು	To empty
ಹೊಲಿಗೆ ಬಿಚ್ಚುವುದು	To unsew
ಗಾಯಗೊಳಿಸುವುದು	To hurt
ರವಾನಿಸುವುದು	To parcel
ಕದಿಯುವುದು	To steal
ತಿನ್ನುವುದು	To eat
ಕುಡಿಯುವುದು	To drink
ತಯಾರಿಸುವುದು	To prepare
ಆಟ ಆಡುವುದು	To play
ಮಾಡುವುದು	To do
ಉಡುವುದು	To wear

ಜಿಗುಟುವುದು	To pinch
ಗೇಲಿಮಾಡುವುದು	To tease
ಹಾಡುವುದು	To sing
ಬರೆಯುವುದು	To write
ಓದುವುದು	To read
ಎಣಿಸುವುದು	To count
ಬೀಳುವುದು	To fall
ಬೀಳಿಸುವುದು	To make fall
ಕಿರುಚುವುದು	To shout
ಪ್ರವೇಶಿಸುವುದು	To enter
ರುಚಿ ನೋಡುವುದು	To taste
ನಡೆಯುವುದು	To walk
ಪ್ರಕಾಶಿಸುವುದು	To shine
ಉದಯಿಸುವುದು	To rise
ನೆಕ್ಕುವುದು	To lick
ಕಸಿದುಕೊಳ್ಳುವುದು	To snatch
ಗೆಲ್ಲುವುದು	To win
ಉಳುವುದು	To plough
ಜಗಳಮಾಡುವುದು	To quarrel
ಜೋಲಿಯಾಡುವುದು	To swing
ಉರುಳುವುದು	To roll
ಮುಂದೆಹಾಕುವುದು	To postpone
ನಿಲ್ಲಿಸುವುದು	To stop
ಶಾಪಹಾಕುವುದು	To curse
ತೆಗೆಯುವುದು	To take out
ನಿರ್ವಹಿಸುವುದು	To manage
ಬದಲಾಯಿಸುವುದು	To change
ಎಸೆಯುವುದು	To throw
ಗುಸುಗುಟ್ಟುವುದು	To murmur
ಸುಮ್ಮನಿರುವುದು	To keep quiet
ಗಲಾಟೆ ಮಾಡುವುದು	To make noise
ಹರಿಯುವುದು	To tear

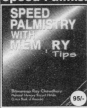

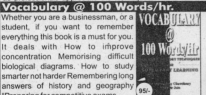

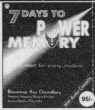